FiNALEonline.de

FiNALEonline.de ist die digitale Ergänzung zu deinem Arbeitsbuch. Hier findest du eine Vielzahl an Angeboten, die dich zusätzlich bei deiner Prüfungsvorbereitung in Deutsch unterstützen!

Das Plus für deine Prüfungsvorbereitung:

- das Extra-Training Rechtschreibung
- Original-Prüfungsaufgaben mit Lösungen (bitte Code von S. 2 eingeben)
- Tipps zur Prüfungsvorbereitung, die das Lernen erleichtern

Online-Grundlagentraining

Du hast noch Lücken aus den vorherigen Schuljahren? Kein Problem! Das Online-Grundlagentraining auf FiNALEonline.de hilft dir dabei, wichtigen Lernstoff nachzuarbeiten und zu wiederholen.
Und so funktioniert es:

Für das Fach Deutsch stehen dir über 100 Aufgaben zu prüfungs-relevanten Grundlagen in kurzen Trainingseinheiten zur Verfügung.

Unser Tipp für Lehrerinnen und Lehrer:
Nutzen Sie unsere vielfältigen Arbeitsblätter auch für Ihren Unterricht.

Für Lehrerinnen und Lehrer:
Die Lehrerhandreichung für den optimalen Einsatz der Arbeitsbücher im Unterricht zum kostenlosen Download!

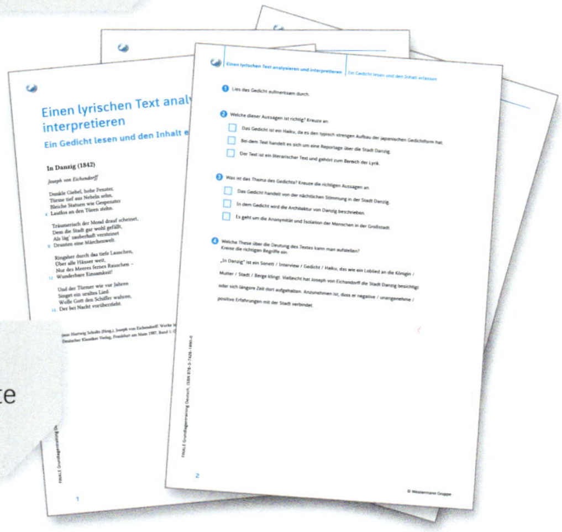

Du übst lieber auf Papier? Dann klicke auf „PDF" und drucke dir die gewünschte Trainingseinheit einfach aus.

FiNALE Grundlagentraining Deutsch

Das FiNALE Grundlagentraining ist die ideale Ergänzung zu diesem Arbeitsbuch. Es bietet eine große Auswahl an Materialien, mit deren Hilfe du prüfungsrelevantes Grundlagenwissen auffrischen und aktiv trainieren kannst.

Folgende Inhalte werden in diesem Band behandelt:

- Überprüfung des Leseverstehens
- Analyse und Interpretation literarischer Texte
- argumentativer Umgang mit Sachthemen
- Arbeitstechniken und prüfungsrelevante Fachbegriffe
- grundlegendes Grammatikwissen
- die wichtigsten Operatoren im Fach Deutsch

Zu jeder Trainingseinheit gibt es anschauliche Lösungen.

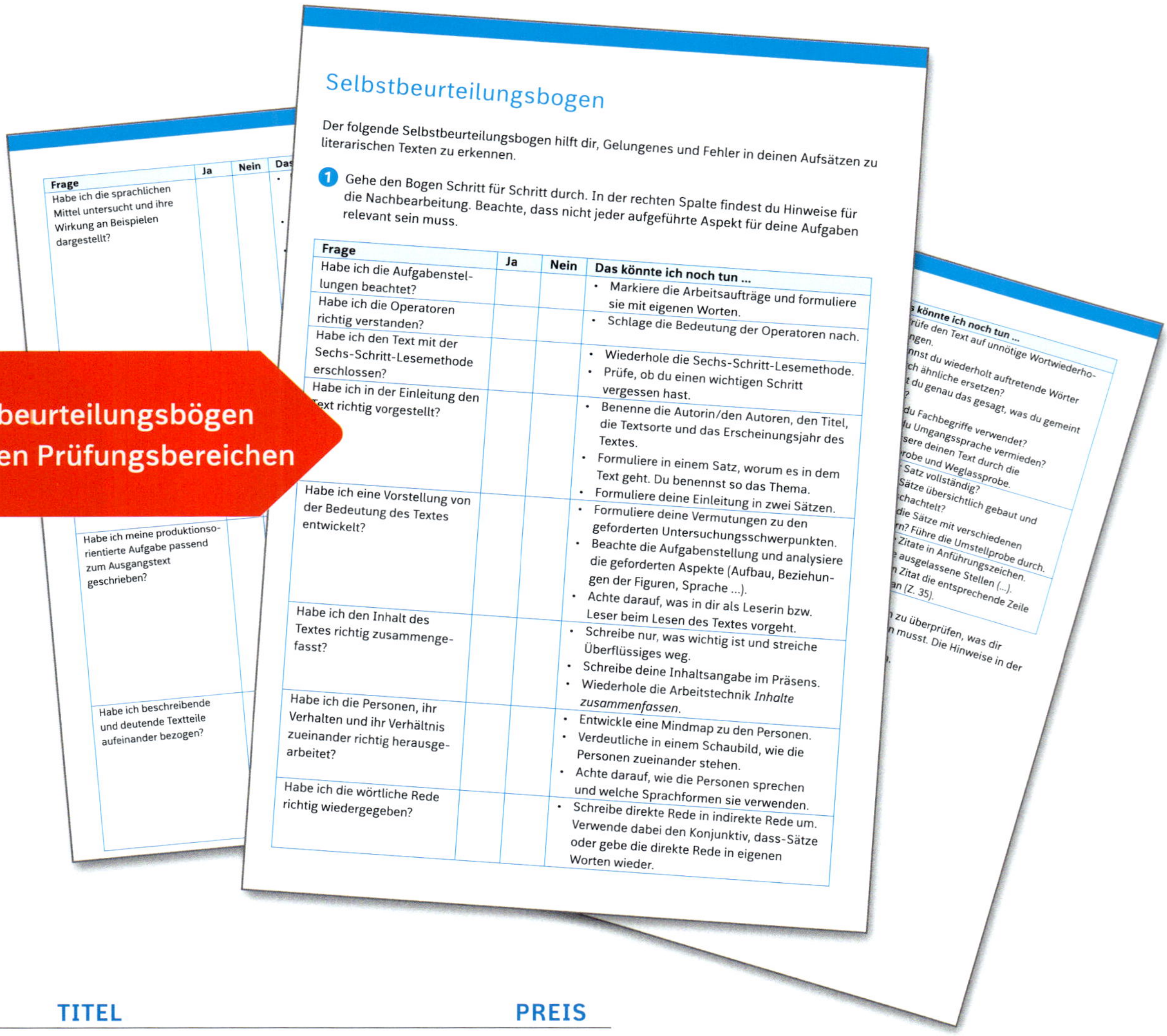

Selbstbeurteilungsbogen

Der folgende Selbstbeurteilungsbogen hilft dir, Gelungenes und Fehler in deinen Aufsätzen zu literarischen Texten zu erkennen.

1 Gehe den Bogen Schritt für Schritt durch. In der rechten Spalte findest du Hinweise für die Nachbearbeitung. Beachte, dass nicht jeder aufgeführte Aspekt für deine Aufgaben relevant sein muss.

Frage	Ja	Nein	Das könnte ich noch tun ...
Habe ich die Aufgabenstellungen beachtet?			• Markiere die Arbeitsaufträge und formuliere sie mit eigenen Worten.
Habe ich die Operatoren richtig verstanden?			• Schlage die Bedeutung der Operatoren nach.
Habe ich den Text mit der Sechs-Schritt-Lesemethode erschlossen?			• Wiederhole die Sechs-Schritt-Lesemethode. • Prüfe, ob du einen wichtigen Schritt vergessen hast.
Habe ich in der Einleitung den Text richtig vorgestellt?			• Benenne die Autorin/den Autoren, den Titel, die Textsorte und das Erscheinungsjahr des Textes. • Formuliere in einem Satz, worum es in dem Text geht. Du benennst so das Thema. • Formuliere deine Einleitung in zwei Sätzen.
Habe ich eine Vorstellung von der Bedeutung des Textes entwickelt?			• Formuliere deine Vermutungen zu den geforderten Untersuchungsschwerpunkten. • Beachte die Aufgabenstellung und analysiere die geforderten Aspekte (Aufbau, Beziehungen der Figuren, Sprache ...). • Achte darauf, was in dir als Leserin bzw. Leser beim Lesen des Textes vorgeht.
Habe ich den Inhalt des Textes richtig zusammengefasst?			• Schreibe nur, was wichtig ist und streiche Überflüssiges weg. • Schreibe deine Inhaltsangabe im Präsens. • Wiederhole die Arbeitstechnik *Inhalte zusammenfassen*.
Habe ich die Personen, ihr Verhalten und ihr Verhältnis zueinander richtig herausgearbeitet?			• Entwickle eine Mindmap zu den Personen. • Verdeutliche in einem Schaubild, wie die Personen zueinander stehen. • Achte darauf, wie die Personen sprechen und welche Sprachformen sie verwenden.
Habe ich die wörtliche Rede richtig wiedergegeben?			• Schreibe direkte Rede in indirekte Rede um. Verwende dabei den Konjunktiv, dass-Sätze oder gebe die direkte Rede in eigenen Worten wieder.

Mit Selbstbeurteilungsbögen zu wichtigen Prüfungsbereichen

BESTELL-NR.	TITEL	PREIS
978-3-7426-1890-0	FiNALE Grundlagentraining Deutsch	13,95 €

FiNALE Grundlagentraining gibt es auch für die Fächer Englisch und Mathematik.

westermann

FiNALE Prüfungstraining

Bayern

Realschulabschluss 2023

Deutsch

Julia Arnold
Tina Feyler
Herbert Hieke
Anja Templer

FiNALEonline.de

Liebe Schülerin, lieber Schüler,

sobald die Original-Prüfungsaufgaben zur Veröffentlichung freigegeben sind, können sie unter **www.finaleonline.de** zusammen mit ausführlichen Lösungen kostenlos heruntergeladen werden. Gib dazu einfach diesen Code ein:

DE3j2Df

Einfach mal reinschauen: www.finaleonline.de

Bildquellennachweis:
|AOK Bundesverband GbR, Berlin: Forschungsbereich Betriebliche Gesundheitsförderung, Heilmittel und ambulante Bedarfsplanung. Wissenschaftliches Institut der AOK (WIdO): Fehlzeiten-Report 2019. Herausgegeben von Springer Verlag GmbH (Hrsg.: Bernhard Badura, Antje Ducki, Helmut Schröder, Joachim Klose, Markus Meyer) 100.2, 100.3. |Bitkom, Berlin: 99 1, 99.2, 99.3. |CLOUD SCIENCE, Bonn: 100.1. |Haitzinger, Horst, München: 17.2. |Müller, Ragnar, Stuttgart: https://www.dadalos-d.org/nachhaltigkeit/grundkurs_2.htm 31.1. |Peter Wirtz Fotografie, Dormagen: Titel. |Picture-Alliance GmbH, Frankfurt a.M.: 16.1, 16.2, 17.1. |toonpool.com, Berlin, Castrop-Rauxel: CloudScience 30.1.

westermann GRUPPE

Druck A[1] / Jahr 2022
Alle Drucke der Serie A sind im Unterricht parallel verwendbar.

Redaktion: omnibooks, Bielefeld
Kontakt: finale@westermanngruppe.de
Layout: LIO Design GmbH, Braunschweig
Umschlaggestaltung: Gingco.Net, Braunschweig
Umschlagfoto: Peter Wirtz, Dormagen
Druck und Bindung: Westermann Druck GmbH, Braunschweig

ISBN 978-3-7426-**2346**-1

Inhaltsverzeichnis

Was erwartet dich in diesem Buch?

Du bist in der 10. Klasse und vor dir liegt die Abschlussprüfung, das große „Finale".
Darauf will dich dieses Buch vorbereiten. Es gibt dir die Möglichkeit,

1. dich in verschiedene Themenbereiche einzuarbeiten und
2. dich mit den Prüfungsaufgaben und ihren Anforderungen vertraut zu machen.

Im **Teil A** erfährst du, was dich in der Prüfung erwartet und wie die Gesamtnote für dein Abschlusszeugnis in Deutsch ermittelt wird. Du bekommst zudem Antworten auf die wichtigsten **FAQs** rund um die Prüfung und Hinweise zur **Zeiteinteilung** während der Prüfung.

Im **Teil B** wiederholst du **grundlegende Arbeitstechniken** zur Bearbeitung von Schreibaufgaben. Zu jedem Arbeitsschritt bekommst du wichtige Informationen und hilfreiche Tipps.

Im **Teil C** wirst du detailliert beim Erstellen einer **(materialgestützten) Erörterung** begleitet. Wichtige Basisinformationen sowie die einzelnen Bausteine, aus denen sich die Erörterung zusammensetzt, werden ausführlich wiederholt und anschaulich erklärt. Zahlreiche **Tipps** und **Lösungshilfen** unterstützen dich.

Teil D führt dich mit gezielten Hilfestellungen an das Verfassen eines **textgebundenen Aufsatzes** (**TGA**) heran. Du erhältst wichtige **Infos** und **Tipps,** worauf du beim Textaufbau, bei der Zusammenfassung der Textvorlage sowie der Analyse der Sprache und der Charaktere achten musst. Am Ende von Teil D wirst du beispielhaft durch die Schritte zum Verfassen eines **vollständigen TGA** geführt.

Im **Teil E** kannst du dein Wissen anhand der **Original-Prüfungsaufgaben 2021** anwenden und überprüfen.

Im Anhang findest du ein **Glossar**, in dem du wichtige Grundbegriffe zur Erschließung von lyrischen, epischen und Sachtexten nachschlagen kannst sowie eine Kopiervorlage eines **Planungsrasters** für deine Prüfungszeit.

Im **Lösungsheft** kannst du nachsehen, ob du die Aufgaben richtig bearbeitet hast.

Zudem stehen unter www.finaleonline.de ein **EXTRA-Training Rechtschreibung** sowie die **Original-Prüfungsaufgaben 2022** mit Musterlösungen zum Download bereit. Sobald die Prüfungsaufgaben zur Veröffentlichung freigegeben sind, kannst du sie nach Eingabe des Codes **DE3j2Df** herunterladen.

In diesem Arbeitsbuch findest du Schreibraum für wichtige, vorbereitende Notizen. Auch die Schreiblinien sind für dich gedacht. Deine Texte zu Schreibaufgaben musst du allerdings oft auf einem separaten Blatt oder in einem Heft anfertigen.
Damit du ein Gefühl für die zur Verfügung stehende Arbeitszeit bekommst, solltest du dir bei diesen Prüfungsaufgaben eine Uhr stellen.

Wir hoffen, dass du dich nach der Bearbeitung dieses Buches sicher für das Finale fühlst, und wünschen dir für die Prüfung die nötige Sicherheit und viel Erfolg!

TIPP

Hast du noch Lücken aus den vorherigen Schuljahren? Dann empfehlen wir dir das „FiNALE Grundlagentraining Deutsch" (ISBN 978-3-7426-1890-0). Es bietet prüfungsrelevantes Grundlagenwissen zum Nachschlagen und Üben. Ergänzend dazu findest du unter *www.finaleonline.de/grundlagentraining* ein kostenloses Online-Training bestehend aus interaktiven Übungsaufgaben und Arbeitsblättern zum Ausdrucken.

A Die Prüfung im Überblick

A 1 Was kommt in der Realschulabschlussprüfung auf dich zu?

Die Abschlussprüfung der Realschule in Bayern besteht aus vier schriftlichen Prüfungen, die in zwei aufeinanderfolgenden Wochen kurz vor oder nach den Pfingstferien stattfinden. Alle Schülerinnen und Schüler müssen eine Prüfung in Mathe, Deutsch und Englisch ablegen. Die vierte Prüfung richtet sich nach dem von dir gewählten Zweig, so wirst du zusätzlich noch in BWR/Rechnungswesen, Französisch, Kunst, Werken, Haushalt und Ernährung oder Sozialwesen geprüft.
In der Abschlussprüfung in Deutsch, für die dir insgesamt 240 Minuten Arbeitszeit zur Verfügung stehen, wirst du vier Themen zur Auswahl haben, die zentral vom Ministerium für Kultus und Unterricht gestellt werden, davon mindestens eine Erörterung und einen textgebundenen Aufsatz (vgl. Kapitel C und D). Dein fertiger Aufsatz wird anschließend von deiner Deutschlehrkraft korrigiert und zusätzlich zur Zweitkorrektur von einer anderen Deutschlehrkraft deiner Schule. Beide besprechen deine Arbeit und legen dann die Note deiner Abschlussprüfung fest. Nur wenn die beiden Lehrkräfte keine Einigung finden, was äußerst selten passiert, wird eine dritte Person zur Begutachtung hinzugezogen. Durch dieses Verfahren soll sichergestellt werden, dass die Notengebung möglichst objektiv ist.

Die Gesamtnote, die in deinem Abschlusszeugnis steht, wird aus der Jahresfortgangsnote und der Prüfungsnote ermittelt, wobei Letzterer eine stärkere Gewichtung zukommt. Das bedeutet, dass du mit der Abschlussprüfungsnote bewertet wirst, wenn sich deine Jahresfortgangsnote und die Prüfungsnote um eine Notenstufe unterscheiden. Das ist dann für dich von Vorteil, wenn du in der Abschlussprüfung eine Notenstufe besser bist als im Jahresfortgang. Wenn du hingegen dort eine Notenstufe schlechter bist, wird leider diese Note als Gesamtnote festgesetzt.
Aber keine Sorge! Auch dann ist noch nichts verloren, denn in diesem Fall bekommst du die Möglichkeit, eine mündliche Prüfung abzulegen, welche von deiner Deutschlehrkraft erstellt und gemeinsam mit dem Zweitkorrektor abgenommen wird. Du wirst dort zu unterschiedlichen Themenbereichen der 10. Klasse befragt, welche dein Lehrer vorher festlegt. Gelingt es dir, in dieser Prüfung mindestens zwei Notenstufen besser zu sein als in der schriftlichen Prüfung, erhältst du die bessere Note in deinem Abschlusszeugnis. Das Positive an der mündlichen Prüfung ist, dass sie die Endnote nicht verschlechtert, auch wenn du eine schlechte Note erzielen solltest.

Jahresfortgangsnote	Schriftliche Prüfung	Freiwillige mündliche Prüfung	Endnote
Hierbei handelt es sich um den (auf- oder abgerundeten) Durchschnitt aus allen Schulaufgaben, Stegreifaufgaben und mündlichen Noten. Diese Schuljahresleistung wird kurz vor der Abschlussprüfung bekannt gegeben.	Die schriftliche Prüfung besteht aus dem Prüfungsaufsatz. Die Note erfährst du ca. zweieinhalb bis drei Wochen nach der Prüfung. Dann entscheidest du, ob du zur mündlichen Prüfung antreten willst.	Die mündliche Prüfung, welche 20 Minuten dauert, findet nur wenige Tage nach der Bekanntgabe der schriftlichen Prüfungsnote statt.	Die Endnote wird aus den zwei bzw. drei vorangegangenen Noten ermittelt.

Die folgende Tabelle auf Seite 6 enthält ein paar Rechenbeispiele und hilft dir dabei, die Notengebung, die sich jetzt vielleicht etwas kompliziert anhört, leichter zu verstehen.

Rechenbeispiele:

Jahresfortgangsnote	Schriftliche Prüfung	Freiwillige mündliche Prüfung	Endnote
3	4	3	4
3	4	2	3
3	4	6	4
3	2	nicht möglich	2
3	5	nicht möglich	4

Wie du der Tabelle entnehmen kannst, entscheidet deine Jahresfortgangsnote darüber, ob du bei einer eventuellen Notenverschlechterung durch die schriftliche Prüfung an der freiwilligen mündlichen Prüfung teilnehmen kannst. Es lohnt sich also, gleich zu Beginn des 10. Schuljahres voll durchzustarten! Mithilfe der Rechenbeispiele aus der obigen Tabelle kannst du herausfinden, bei welcher Notenkonstellation du zur mündlichen Prüfung zugelassen wirst und welche Note du dort erzielen solltest, um deinen Jahresfortgang beizubehalten.
Wenn du das Gefühl hast, dass du dich in der schriftlichen Prüfung verschlechtert hast, solltest du bereits nach den schriftlichen Abschlussprüfungen (auch wenn du da noch nicht sicher weißt, ob du zur mündlichen Prüfungen antreten kannst) zu lernen beginnen, da du erst kurz vor dem Prüfungstermin erfährst, ob du zur mündlichen Prüfung zugelassen bist und dann die Zeit sehr knapp werden kann. Versuche, vor dieser Entscheidung deine Anstrengungsbereitschaft und dein Leistungsvermögen so realistisch wie möglich einzuschätzen.

A 2 Vorbereitung

Eine gute Vorbereitung beginnt mit einer guten Planung, deshalb solltest du dir vor Beginn deiner Arbeit folgende Dinge überlegen:

- Realistische Zeitplanung:
  Wie viele Wochen stehen dir bis zum Tag X noch zur Verfügung? Wie viel Zeit kannst du realistisch jeden Tag oder jede Woche zur Vorbereitung im Fach Deutsch verwenden?

- Schwerpunkte setzen:
  Jeder hat seine Vorlieben: So fällt manchen das Erörtern leichter und anderen die Arbeit mit einem Text. Trotzdem ist es empfehlenswert, sich nicht nur auf eine Aufsatzart (entweder auf die Erörterung oder den textgebundenen Aufsatz) vorzubereiten. Es ist immer möglich, dass dir die Themen aus deinem bevorzugten Gebiet nicht liegen und du auf die andere Aufsatzform ausweichen musst. Deshalb ist es wichtig, dass du beide Themenbereiche übst; allerdings kannst du hierbei Schwerpunkte setzen. Überlege dir zuerst, welche Aufsatzart du am ehesten wählen würdest. Wenn dir diese Festlegung schwerfällt, kannst du nach den Noten entscheiden, die du in den entsprechenden Aufsätzen erhalten hast. Vielleicht kann dir auch deine Deutschlehrkraft einen Tipp geben, was dir besser liegt.

TIPP zur Vorbereitung

Übe im Vorfeld auch einmal eine Prüfungsaufgabe unter realen zeitlichen Prüfungsbedingungen. 240 Minuten kommen einem anfangs sehr lange vor, trotzdem passiert es immer wieder, dass Schülerinnen oder Schüler in der Abschlussprüfung nicht fertig werden. Das kannst du vermeiden, indem du vorher einmal probeweise eine schriftliche Aufgabe in vier Stunden verfasst und dadurch weißt, nach wie viel Zeit du wie weit sein sollst, um nicht unter Druck zu geraten.

- Vorgehensweise beim Lernen und Üben:
  Wenn du eine Aufgabenrangfolge für dich festgelegt hast, beginne mit der Aufsatzart, die du bevorzugst. Wiederhole mithilfe des Kapitels C oder D noch einmal das notwendige Hintergrundwissen und festige deine Kenntnisse sowie deine Fertigkeiten daraufhin mit den Aufgaben zu den einzelnen Teilbereichen. Im Anschluss daran kannst du einen vollständigen Aufsatz verfassen, die Aufgaben hierzu befinden sich jeweils am Ende des Kapitels. Hast du deine bevorzugte Aufsatzart so erarbeitet, gehst du beim zweiten Themengebiet genauso vor. Einzelne grundsätzliche Fertigkeiten, die du beim Verfassen eines Aufsatzes benötigst, wie z. B. das Zitieren oder das Überarbeiten eigener Texte, kannst du im Kapitel B wiederholen und vertiefen. Im Anschluss daran solltest du mit den Original-Prüfungsaufgaben des letzten Jahrgangs (Kapitel E) üben, um so ein Gefühl dafür zu bekommen, welches Niveau dich in der Abschlussprüfung erwartet.

- Konkrete Planung:
  Damit du alle wichtigen Inhalte, die du für die Abschlussprüfung benötigst, noch einmal wiederholen kannst, ohne unter Zeitdruck zu geraten, ist es sinnvoll, sich ein Planungsraster zu erstellen. Achte hierbei allerdings darauf, dass du dir realistische Ziele setzt und Pausen einplanst, damit du dein Lernkonzept auch einhalten kannst.
  So wie die folgende Tabelle könnte ein Planungsraster aussehen, in das du deine Tages- und Wochenziele im Vorfeld eintragen kannst:

Woche	Thema	Tag	Zeit
1	Grundlagen wiederholen: FiNALE B 1 – B 6	Montag	1,5 h
1	TGA Einleitung und Inhaltsangabe: FiNALE D 1 – D 2.2	Dienstag	1,5 h
…	…	…	…
5	Original-Prüfungsaufgabe 2021: Erörterung, Thema 6	Freitag	2,5 h
…	…	…	…

Unter www.finaleonline.de findest du ein leeres, einseitiges **Planungsraster** als Kopiervorlage für deinen späteren Gebrauch.

A 3 FAQs rund um die Prüfung

Erlaubte Hilfsmittel
Du bekommst in der Abschlussprüfung ein Wörterbuch zur Verfügung gestellt. Weitere Hilfsmittel darfst du nicht verwenden.

Arbeitsmaterialien
In der Prüfung wird ausreichend Papier vorhanden sein, welches mit dem Schulstempel versehen ist. Die Doppelbögen sind dabei für deine Reinschrift gedacht, einseitiges, liniertes Papier für die Gliederung und einfaches, weißes Papier für deine Notizen, welche nicht bewertet werden. Selbst mitbringen musst du den Stift, mit dem du schreibst. Dieser sollte dokumentenecht sein, also ein Füller oder Kugelschreiber. Nimm vorsichtshalber zusätzliche Tintenpatronen oder einen Ersatzstift mit. Für die Markierungen und Notizen im Text oder auf dem Konzeptblatt ist es sinnvoll, verschiedene farbige Stifte oder Textmarker zu verwenden. Zudem ist es empfehlenswert, für Durchstreichungen ein Lineal zu benutzen, denn auch die äußere Form deiner Arbeit kann deinen Korrektor beeinflussen.

Themenwahl
Nimm dir für die Wahl der Aufgabe genügend Zeit, das können bis zu 30 Minuten sein. Lies in Ruhe zuerst alle Aufgaben durch und stürze dich nicht gleich auf ein Thema, nur weil es beispielsweise deine Lieblingstextsorte enthält. Manchmal erkennt man erst auf den zweiten Blick eventuelle Schwierigkeiten bei der Aufgabenstellung o. Ä., sodass es sinnvoll sein kann, seinen Plan B zu wählen. Mache dir, falls du nicht sicher bist, zu verschiedenen Themen Notizen und entscheide dann endgültig.

Geforderte Seitenzahl
Wie viele Seiten du schreiben musst, kann pauschal nicht gesagt werden, da es unterschiedliche Schriftgrößen gibt und nicht jeder gleich schnell auf den Punkt kommt. Um alle Aufgaben angemessen bearbeiten zu können, wirst du jedoch mindestens einen Bogen Papier benötigen. Insgesamt kommt es vor allem auf die Qualität und nicht auf die Länge deiner Arbeit an!

Rechtschreibung und Zeichensetzung
Bei deiner Arbeit werden auch die Rechtschreibung sowie die Zeichensetzung bewertet. Deshalb ist es sinnvoll, dass du bereits im Vorfeld den Umgang mit dem Wörterbuch übst, damit du im Zweifelsfall ein Wort, bei dessen Rechtschreibung du dir unsicher bist, schnell finden kannst.

Äußere Form
Viele Schülerinnen und Schüler machen sich zunächst auf dem weißen Papier ausführliche Notizen, weil sie hier noch Ergänzungen und Umstellungen vornehmen können, bevor sie den fertigen Aufsatz in gut lesbarer Schrift auf den linierten Bogen übertragen. Du solltest das vorher unbedingt einmal ausprobieren, um abschätzen zu können, wie viel Zeit du für eine Reinschrift benötigst. Generell sollte dein Prüfungsaufsatz optisch einen guten Eindruck machen – ähnlich wie ein Bewerbungsschreiben.

Nachteilsausgleich
Bei Abschlussprüfungen bewährt sich eine möglichst frühzeitige Abklärung veränderter Rahmenbedingungen (z. B. mehr Arbeitszeit) in Absprache mit deiner Deutschlehrkraft und der Schulleitung.

Pausen
Falls du zur Toilette musst, kannst du den Prüfungsraum kurz verlassen. In einem Protokoll wird von der Prüfungsaufsicht vermerkt, wann und wie lange du ausgetreten bist. Damit du dich über den langen Zeitraum von 240 Minuten konzentrieren kannst, ist es empfehlenswert, dass du zwischendurch immer wieder ein wenig trinkst und eine Kleinigkeit (beispielsweise einen Müsliriegel) isst.

Unerlaubte Hilfsmittel
Nimm auf keinen Fall vorgefertigte Notizen oder Merkzettel mit in die Prüfung. Auch wenn du diese nicht verwendest, werden sie als versuchter Unterschleif gewertet. Sämtliche elektronischen Geräte (Handy, MP3-Player, Smartphone, Tablet usw.) werden – auch ausgeschaltet – als Betrugsversuch angesehen. Gib also alle Geräte vor der Prüfung bei der Aufsicht ab oder lasse sie am besten gleich zu Hause. Eine normale Armbanduhr ist erlaubt. Es lohnt sich nicht zu „spicken", denn das Risiko, erwischt zu werden, steht in keinem Verhältnis zu dem Vorteil, den du dir damit unter Umständen verschaffst.

Blackout
Hier lautet die goldene Regel: Ruhe bewahren! Atme kräftig durch, trinke einen Schluck und schließe einen Moment die Augen. Lege dir einen Satz zurecht, mit dem du dir selbst Mut machen kannst, z. B.: „Ich habe mich gut vorbereitet, deshalb kann ich einen guten Aufsatz schreiben."
Sage dir diesen Satz innerlich mehrmals vor. Glaub an dich, dann schaffst du das auch!

B Grundlegende Arbeitstechniken

B 1 Lesestrategien anwenden

TEXT 1 Sie ist die einzige weibliche Sprengmeisterin in Bayern

Bettina Jurga hat auch in Nürnberg schon viele Bomben entschärft.
Alexander Brock

Sie ist in Bayern die einzige Frau, die sich an explosive Blindgänger aus den Weltkriegen heranwagt: Bettina Jurga, Sprengmeisterin. Die 41-Jährige entschärft zusammen im Team mit ihren Kollegen im Auftrag des Freistaates alte Fliegerbomben, Minen sowie Granaten, die nicht detonierten und bis heute unentdeckt im Erdreich liegen.

Ihr Einsatzgebiet liegt in Franken. Doch sie kommt nicht aus dieser Region. Das wird einem klar, sobald Bettina Jurga spricht. Ihre Heimat liegt in Brandenburg. Dorthin schickt sie per WhatsApp auch ihre Nachrichten, wenn sie mit ihrem Kollegen Tobias Oelsner in ihrer königsblauen Arbeitshose wieder einmal vor so einer rostigen Bombe kniet und den Blindgänger entschärfen soll. Sie schreibt ihrer Familie. Die, so Jurga, war alles andere als erfreut, nachdem sie ihr vor Jahren erzählt hatte, dass sie Sprengmeisterin werden will. „Meine Mama denkt an mich, wenn ich einen Einsatz habe", sagt die 41-Jährige. „Ich überlege oft, ob ich ihr das sagen soll, wenn wieder eine Entschärfung ansteht. Aber besser ist es, aus den Medien erfährt sie es sowieso." Es gibt kein Ritual vor der Entschärfung. Doch gönnen sich Bettina Jurga und Tobias Oelsner noch vier Minuten Ruhe, ehe sie an ein explosives Relikt aus dem Zweiten Weltkrieg Hand anlegen. In diesen vier Minuten schreiben sie ihrer Familie, sprechen kaum ein Wort und sind in Gedanken, während im Umkreis von 300, 500 oder auch mal 1000 Metern außer ihnen keine Menschenseele mehr ist. Den Evakuierungsradius legen Jurga und Oelsner selbst fest. Die Lage des Blindgängers im Boden, seine Größe, die Art des Zünders sowie die Bebauung um den Fundort herum sind dafür ausschlaggebend.

Historisches Interesse an den Weltkriegen

Angst? „Nein. Ich habe keine Angst. Ich habe Respekt vor der Bombe", stellt sie richtig. Angst sei kein guter Ratgeber bei einer so heiklen Arbeit. Sie benötigt einen ruhigen, gleichmäßigen Atem, wenn ihre wasserblauen Augen den Zünder fixieren, und sie braucht eine ruhige Hand, wenn sie diesen langsam entfernt. „Es gibt Zünder, die sich relativ schön lösen lassen. Blöd ist es, wenn sie verstaucht sind", sagt sie. Heißt: Wenn der Zünder sich beim Aufprall verkantet oder verdreht hat. Dann ist beim Entschärfen höchste Vorsicht geboten. „Eine Verstauchung des Zünders ist entstanden, wenn Flieger zu tief flogen, um ihre tödliche Fracht abzuwerfen", erklärt Jurga.
Rund 80 Bomben, Granaten und andere alte Sprengkörper hat Bettina Jurga während der Ausbildung im Team schon entschärft. Wie sie zu diesem ausgefallenen Beruf kam? „Mich interessiert alles, was mit dem Ersten und Zweiten Weltkrieg zu tun hat." Ein Bekannter, selbst im Kampfmitteljob tätig, brachte sie vor einigen Jahren auf die Idee. Zunächst erwarb sie den „Sondierschein" nach einer Ausbildung an der Dresdner Sprengschule. Mit diesem Dokument

TEXT 1

bewarb sie sich bundesweit bei einschlägigen Unternehmen. Einen Treffer landete sie schließlich im März 2013: Die Tauber GmbH aus Feucht bot ihr eine Stelle an. Mit dem „Sondierschein" durfte Jurga Bodenflächen, die als Verdachtsfälle eingestuft waren, mit Spezialgeräten nach Sprengkörpern untersuchen.

„Das Vertrauen wächst mit der Zeit"

Zweieinhalb Jahre später absolvierte sie noch eine Ausbildung in Bad Marienberg. Jurga wurde Truppführerin. Schließlich brachte sie ein dritter Lehrgang ans Ziel, heute gibt es sie und drei weitere Sprengmeister in Bayern. Stoßen Arbeiter oder Sondierer auf alte Sprengkörper, rücken Bettina Jurga und Tobias Oelsner aus. Vertrauen im Team sei ein hohes Gut, wenn es an einer Bombe arbeite. „Das Vertrauen wächst mit der Zeit", sagt sie. Abgesehen von den Lehrgängen in Dresden hat sie ihr Handwerk von Sprengmeister Michael Weiß gelernt. Bisher war es vor allem der gelassene Oberpfälzer Weiß, der nach geglückter Entschärfung in den Medien auftauchte. Jetzt rückt auch Bettina Jurga in den Fokus der Öffentlichkeit.

Steht sie mit ihrem Kollegen am Fundort, heißt es: Das Team muss den Sprengkörper und den Zündmechanismus bestimmen. Handelt es sich um einen mechanischen Aufschlag- oder einen chemischen Langzeitzünder? Steht das fest, müssen die Kampfmittelexperten entscheiden – sollen sie den Blindgänger entschärfen oder gar sprengen, wie im Februar 2019 an der Stadtgrenze zu Fürth in der Nähe der Fürther Pyramide. Hier sichteten sie an einer britischen 500-Kilo-Bombe einen gefährlichen chemischen Langzeitzünder. Bereits eine leichte Erschütterung hätte zur Detonation führen können.

Eine Entschärfung dauert rund 30 Minuten

Ihre heikelste Mission? In Hof habe sie einmal drei Blindgänger an einem Tag ungefährlich gemacht. Für eine Entschärfung benötigt sie rund 30 Minuten. Ist der Zünder verstaucht, kann es länger dauern. „Nach Hof bin ich mit einem flauen Gefühl im Bauch gefahren. Doch als die erste Bombe entschärft war, wich das Gefühl. Mit dieser Erfahrung gehe ich dann an die nächste Entschärfung ran", erzählt sie. So entwickelt sich allmählich Routine.

Quelle: Alexander Brock: Sie ist die einzige weibliche Sprengmeisterin in Bayern. Aus: Nürnberger Nachrichten, 11.11.2020. Online unter: https://www.nordbayern.de/region/nuernberg/sie-ist-die-einzige-weibliche-sprengmeisterin-in-bayern-1.10590325 (zuletzt aufgerufen am 21.03.2022)

TEXT 2

Ausbildung auf dem Gebiet der Kampfmittelbeseitigung (Feuerwerker)

Von Dresdner Sprengschule GmbH

Das Aufsuchen, Freilegen, Bergen und Vernichten von Munition erfolgt im Rahmen der Kampfmittelbeseitigung. In Deutschland werden diese Arbeiten sowohl von den staatlichen Kampfmittelbeseitungsdiensten als auch von gewerblich tätigen Kampfmittelbeseitigungsfirmen ausgeführt.

Eine Tätigkeit in einem solchen Unternehmen setzt in der Regel den Erwerb spezieller Fachkenntnisse voraus. Die Vermittlung dieser Kenntnisse erfolgt in Form von berufsbegleitenden Lehrgängen, die auf der Grundlage des Sprengstoffgesetzes durchgeführt werden. Eine Berufsausbildung im eigentlichen

TEXT 2

Sinne gibt es im Bereich der Kampfmittelbeseitigung in Deutschland nicht. Die Aus- und Weiterbildung in diesem Bereich erfolgt im Rahmen der folgenden Qualifikationsstufen:

- Eine **erste** Ausbildung erfolgt in Form eines Lehrganges zur Einweisung/Erstbelehrung über die Grundlagen der Kampfmittelbeseitigung. Dieser Kurs wird für Tätigkeiten auf Bundesliegenschaften gefordert und ansonsten empfohlen.
- **Zweite Qualifikationsstufe** – Besuch eines dreiwöchigen „Einführungslehrganges zum Aufsuchen von Fundmunition – Kampfmittelräumarbeiter". Ziel dieser Ausbildung ist der Erwerb grundlegender sicherheitsrelevanter, technischer und praktischer Kenntnisse für ausgewählte Arbeiten in der Kampfmittelbeseitigung sowie die Erlangung der Zulassungsvoraussetzungen für den nachfolgenden Grundlehrgang. Grundsätzlich arbeitet der Kampfmittelräumarbeiter unter Anleitung und Aufsicht einer fachtechnischen Aufsichtsperson. Auch dieser Kurs wird für Tätigkeiten auf Bundesliegenschaften gefordert und ansonsten empfohlen.
- Die **dritte Qualifikationsstufe** ist der „Grundlehrgang für fachtechnisches Aufsichtspersonal in der Kampfmittelbeseitigung". Diese Ausbildung dauert neun Wochen. Nach erfolgreichem Abschluss dürfen die Teilnehmer alle erforderlichen Arbeiten im Zusammenhang mit der Kampfmittelbeseitigung eigenverantwortlich ausführen – ausgenommen sind jedoch das Verbringen und Vernichten von Kampfmitteln. Diese Tätigkeiten bedürfen des Besuchs besonderer Lehrgänge.
- Die erworbene Fachkunde muss vor Ablauf von fünf Jahren durch die Teilnahme an einem Wiederholungslehrgang erneuert werden.
- Zusätzlich können für die eigene Weiterbildung des fachtechnischen Aufsichtspersonals Lehrgänge, z. B. zur Munition des ehem. Warschauer Paktes, der NATO, des Ersten Weltkrieges sowie zu chemischer und Kampfstoffmunition und zu Marinekampfmitteln besucht werden. [...]

INFO

Der Verdienst eines Sprengmeisters richtet sich nach seinen Arbeitsaufgaben. Branchenkenner bezeichnen mehr als 3.500 Euro brutto monatlich als realistisch.

Quelle: Günter Fricke: Ausbildung auf dem Gebiet der Kampfmittelbeseitigung (Feuerwerker). Dresdner Sprengschule GmbH 2020. Online unter: https://www.sprengschule-dresden.de/site/assets/files/9942/wie-werde-ich-kampfmittelbeseitiger.pdf (zuletzt aufgerufen am 21.03.2022)

Täglich begegnen wir allen möglichen Arten von Texten, mit denen die Autoren verschiedene Absichten verfolgen. Dabei werden zahlreiche Stilmittel eingesetzt. Diese zu erkennen und zu verstehen, sind wichtige Bestandteile des Deutschunterrichts und der beiden Formen der Abschlussprüfung. So ist es sehr wichtig, dass du dir Strategien zurechtlegst, wie du dich mit Texten tiefgehend beschäftigen und alles Wesentliche herausarbeiten kannst. Das geschieht in vier Arbeitsschritten. Viele der folgenden Aufgaben kannst du hier im Buch beantworten; für andere benötigst du ein separates Blatt.

Erster Schritt: Inhalt erfassen

1 Lies den Text mindestens zweimal genau durch.

2 Unterstreiche (Farbe 1), was dir wichtig erscheint und du später genauer untersuchen möchtest.

3 Unterstreiche die Textstellen (Farbe 2), die du nicht sofort verstehst (Fremdwörter, schwierige oder unverstandene Textstellen).

„Das Team muss den Sprengkörper und den Zündmechanismus bestimmen. Handelt es sich um einen mechanischen Aufschlag- oder einen chemischen Langzeitzünder? Steht das fest, müssen die Kampfmittelexperten entscheiden – sollen sie den Blindgänger entschärfen oder gar sprengen, wie im Februar 2019 an der Stadtgrenze zu Fürth in der Nähe der Fürther Pyramide." (Z. 56 ff.)

4 Versuche, die unter 3 genannte Textstelle zu entschlüsseln. Schlage Fremdwörter im Rechtschreibwörterbuch nach. Versuche, schwierige Passagen mithilfe des Textzusammenhangs zu verstehen. Oft ist dazu mehrmaliges Lesen nötig.

Fasse den Inhalt der Textstelle aus Frage 3 mit eigenen Worten zusammen.

5 Stelle fest, zu welcher Textsorte der Text gehört.

____

Zweiter Schritt: Struktur des Textes erfassen

1 Finde die Sinnabschnitte des Textes heraus (Farbe 3).

2 Suche für jeden Abschnitt eine passende Überschrift, die die Hauptaussage des Abschnitts wiedergibt.

Abschnitt 1: Z. 1 – ???

Einleitung: Vorstellung der Sprengmeisterin

Abschnitt 2: Z.

____

Abschnitt 3: Z.

____

Abschnitt 4: Z.

____

Abschnitt 5: Z.

____

Abschnitt 6: Z.

____

3 Bestimme den inhaltlichen Schwerpunkt des Textes.

4 Auf welche besondere Situation möchte der Verfasser mit der Überschrift hinweisen?

5 Der Schlusssatz lautet: „So entwickelt sich allmählich Routine." Ist das Geschehen damit abgeschlossen und die Problematik geklärt? Begründe mit eigenen Worten, weshalb es sich in „Sie ist die einzige weibliche Sprengmeisterin in Bayern" um einen offenen Schluss handelt.

Dritter Schritt: Vom Verfasser eingesetzte Stilmittel erfassen

1 Wie ist die Überschrift sprachlich gestaltet? Was bezweckt der Verfasser damit?

2 Welche Wortarten benützt der Autor besonders häufig? Was sind die Besonderheiten (z. B. Wortwiederholungen, Zeitformen des Verbs, Metaphern/Bilder)?

Stilmittel	Beispiele aus dem Text
aussagekräftige Adjektive	*„bundesweit" (Z. 40)*

3 Welche Besonderheiten beim Satzbau verwendet der Autor (Satzreihe, Satzgefüge, einfache oder lange Sätze, Schachtelsätze)?

Stilmittel	Beispiele aus dem Text
kurze Aussagesätze	*„Ihre Heimat liegt in Brandenburg." (Z. 7 f.)*

4 Welche weiteren rhetorischen Mittel setzt der Verfasser noch ein (hohes oder niedriges Sprachniveau, Umgangs- oder Standardsprache, Dialog, rhetorische Fragen)?

Weitere rhetorische Mittel	Beispiele aus dem Text

5 Was soll mit diesen Stilmitteln erreicht werden?

Vierter Schritt: Aussageabsicht und Wirkung auf den Leser erfassen

Versuche festzustellen, welche Aussageabsicht der Autor mit seinem Text verfolgt und wie diese deiner Meinung nach auf den Leser wirkt. Folgende Fragen sollten mit eigenen Worten beantwortet werden:

1 Um welches Thema geht es in dem Text?

2 Mit welcher Absicht hat der Verfasser gerade dieses Thema aufgegriffen?

3 Welche Lösungsvorschläge (für die handelnden Personen) zeigt der Verfasser?

____

____

____

____

____

TIPP Leseransprache und Autormeinung

- Prüfe nach, wie der Leser angesprochen wird (direkt, indirekt, drohend, appellierend).
- Überprüfe, inwiefern der Autor seine Meinung durch die Auswahl der dargestellten Fakten deutlich macht.

TIPP Aussageabsicht der Textform

Prüfe nach, welche Aussageabsichten grundsätzlich mit dieser Textform verbunden sind.

4 Was möchte der Autor beim Leser erreichen? Wird dieses Ziel bei dir persönlich erreicht?

5 Direkt unter dem Artikel wurde der Text „Ausbildung auf dem Gebiet der Kampfmittelbeseitigung (Feuerwerker)“ abgedruckt, auf den sich die folgenden Aufgaben beziehen. Schreibe deine Antworten auf ein separates Blatt.

a) Welchen Bezug hat dieser Text zum Schlusssatz des vorangehenden Zeitungsartikels: „So entwickelt sich allmählich Routine.“?
b) Welche Fragen versucht dieser Text zu beantworten?
c) Gib kurz den Inhalt der zweiten Qualifikationsstufe der Ausbildung auf dem Gebiet der Kampfmittelbeseitigung wieder.
d) Gib nun kurz den Inhalt der dritten Qualifikationsstufe dieser Ausbildung wieder.
e) Von wem wurde der Text verfasst und zu welchem Zweck?

Der folgende Infokasten gibt dir noch weitere Hinweise, wie du dich einem Text nähern kannst. Die erzählerische Gestaltung von Texten ist ein entscheidender Faktor, mit dem der Autor großen Einfluss auf die Wirkung beim Leser nehmen kann.

INFO Erzählerische Gestaltung des Textes

- Aus welcher Perspektive erzählt der Autor das Geschehen? Ist er selbst einbezogen? Beobachtet er?
- Hält der Autor die Erzählperspektive durch oder wechselt er sie? Gibt es (bei literarischen Texten) eine einheitliche Handlung oder existieren verschiedene Nebenhandlungen?
- Wird die Erzählhaltung (Erzählung, Dialog, Monolog, innerer Monolog) durchgehend beibehalten? Suche eventuelle Gründe für einen möglichen Wechsel.
- Wie behandelt der Autor den Zeitfaktor? Wird die Zeit gedehnt oder gerafft?
- Welche Geschehnisse werden sehr ausführlich dargestellt? Welche nur ganz knapp?Welche werden weggelassen? Versuche, die Aussageabsicht zu klären.

B 2 Schreibaufgaben verstehen

Folgende Aufgabenformate sind in der Abschlussprüfung vor allem bei der Bearbeitung von Sachtexten sehr oft zu finden (siehe Kapitel B 1):

Aufgabe

1 Fassen Sie den Inhalt des Textes so zusammen, dass der Textaufbau erkennbar wird.
Stellen Sie die vom Verfasser eingesetzten Stilmittel dar und beschreiben Sie ihre Wirkung.
Begründen Sie die Textsorte und mögliche Absichten des Verfassers.

Variationen gibt es bei Erörterungen, literarischen Texten und den kreativen Produktionsaufgaben. Wichtig ist, dass du verstehst, was von dir verlangt wird.

Untersuche folgende Aufgabenstellungen. Analysiere dabei die Bedeutung der Schlüsselbegriffe. Überlege genau, was z. B. der Arbeitsauftrag, Argumente gegen etwas zu finden, erfordert. Wenn du in der Prüfung vorgehst wie in Aufgabe 1, kannst du eine Themaverfehlung vermeiden.

TIPP Schlüsselbegriffe unterstreichen

Unterstreiche die Schlüsselbegriffe, die in der Aufgabenstellung vorkommen und für die Bearbeitung entscheidend sind. Schau im Zweifelsfall im Wörterbuch nach.

1 In den beiden Texten sind jeweils mehrere Informationen enthalten, die für oder gegen die Berufswahl der Sprengmeisterin / des Sprengmeisters sprechen. Suche jeweils zwei Argumente.

Das erste Argument für diese Berufswahl lautet: ______

______

Das zweite Argument lautet: ______

______

Das erste Argument gegen diese Berufswahl lautet: ______

______

Das zweite Argument lautet: ______

______

2 Erörtere, welche Gesichtspunkte bei der Berufswahl berücksichtigt werden sollten.

3 Nimm Stellung zu folgender Aussage Bettina Jurgas: „Angst? ‚Nein. Ich habe keine Angst. Ich habe Respekt vor der Bombe', stellt sie richtig. Angst sei kein guter Ratgeber bei einer so heiklen Arbeit." (Z. 25 f.)

TIPP Stellung nehmen

Stellung nehmen bedeutet, positive und negative Gesichtspunkte gegeneinander abzuwägen und zu überlegen, was überwiegt.

4 Verfasse einen persönlichen Brief der Mutter an Bettina Jurga, in dem sie sich mit der Berufswahl ihrer Tochter befasst.

5 Schreibe einen Artikel für die Schülerzeitung, in dem du den Beruf des Sprengmeisters / der Sprengmeisterin vorstellst.

B 3 Schaubilder verstehen und auswerten

Schaubilder enthalten Zusammenfassungen von Daten, die nach bestimmten Gesichtspunkten geordnet sind. Sie können als Balken-, Kurven- oder Kreisdiagramme gestaltet sein und eignen sich dafür, Zahlen und Fakten zu vergleichen bzw. miteinander in Verbindung zu setzen.

Folgende Aufgabenstellungen sind bei Schaubildern bzw. Diagrammen möglich:

- Du musst überprüfen, welche Aussagen und Fakten übermittelt werden.
- Du musst feststellen, ob die Informationen eines Schaubildes die Aussagen eines Textes bestätigen, ergänzen oder widerlegen.

Dazu ist es notwendig, ein Schaubild richtig lesen und verstehen zu können. Im Folgenden erfährst du, wie du solche Schaubilder auswerten kannst.

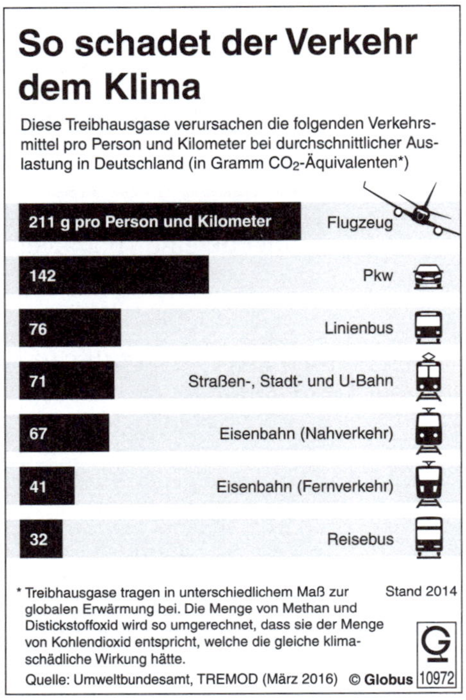

1 Worum geht es in dem Schaubild A? Notiere stichpunktartig.

Thema: ______________________

____

Vergleiche zwischen: ______________________

____

____

TIPP zu 1

Beachte auch den ergänzenden Text, der dir erklärt, zu welcher Fragestellung du Informationen erhältst.

- Um welche Thematik geht es?
- Welche Zahlenangaben werden gemacht? Welche Maß- und Mengenangaben werden genannt?
- Was wird miteinander verglichen?
- Wer ist für das Schaubild verantwortlich?

2 Welche konkreten Informationen zu dem von dir gefundenen Thema kannst du **Schaubild A** entnehmen?

____

____

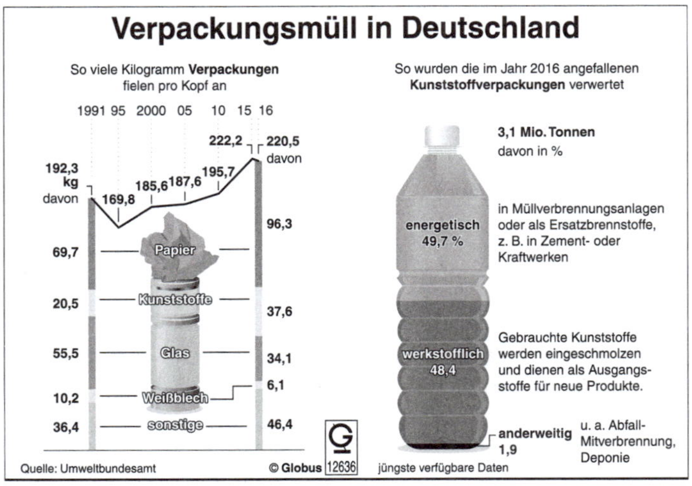

1 Auf dem **Schaubild B** sind Fakten zu zwei verschiedenen Themen zu finden. Suche zu beiden Themen eine passende Überschrift:

Thema 1: ______________________

____

Thema 2: ______________________

____

____

2 Die linke Darstellung im **Schaubild B** liefert zwei Hauptinformationen zum Thema „Verpackungen pro Kopf“. Notiere in einem Satz.

Information 1: ____________________

Information 2: ____________________

3 Die rechte Darstellung im **Schaubild B** liefert zwei Hauptinformationen zum Thema „Kunststoffverpackungen“. Notiere in einem Satz.

Information 1: ____________________

Information 2: ____________________

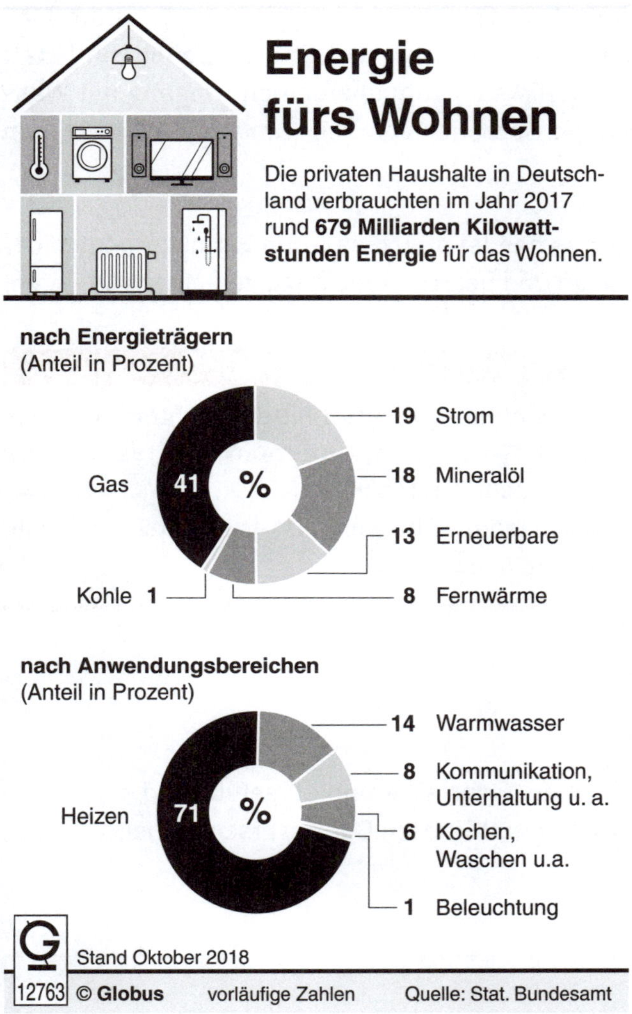

1 **Schaubild C:** Welches der beiden Diagramme hat mehr Aussagekraft für das **Erörterungsthema** „Wie kann jeder Einzelne zum Umweltschutz beitragen?“? Welche Fakten kannst du nutzen?

2 Welche Aussagen macht das untere Diagramm von **Schaubild C**? Welche Fakten können für das **Erörterungsthema** „Weshalb bedeutet Energiesparen Umweltschutz?“ genutzt werden?

Schaubild D: Als **Karikatur** bezeichnet man eine Kombination aus Text und Zeichnung, die sich auf einen aktuellen Sachverhalt bezieht und durch Über- oder Untertreibungen menschliche Schwächen oder Missstände kritisiert und ins Lächerliche zieht.
Um diese Karikatur zu verstehen, musst du folgendes Hintergrundwissen haben: Der Weltklimarat ist eine Institution der Vereinten Nationen. In seinem Auftrag tragen Wissenschaftler weltweit aktuelle Erkenntnisse zur Klimaforschung und zum Klimawandel zusammen. Dazu erarbeitet er seit 1990 alle sechs bis sieben Jahre Berichte über den Klimawandel und die globale Erwärmung der Erde. Am 08.10.2018 wurde ein Sonderbericht veröffentlicht, der alle Regierungen auffordert, die Erderwärmung auf 1,5 °C zu begrenzen, um die schlimmsten Folgen auf der Erde zu verhindern.

1 Was sagt die Karikatur über diese Forderung aus?

2 Was wird von jedem Einzelnen gefordert?

B 4 Sich angemessen ausdrücken

Weshalb bedeutet Energiesparen Umweltschutz? Wie kann jeder Einzelne zum Umweltschutz beitragen?
Bei der Erörterung der Frage, wie der Einzelne zum Umweltschutz beitragen kann, wären zuerst die Maßnahmen zu nennen, die zur Entlastung unserer Gewässer beitragen. Dabei ist es besonders wichtig, sparsam mit dem wertvollen Element Wasser umzugehen. Das Umweltbundesamt weist in seinen Broschüren darauf hin, dass moderne Wasch- und Spülmaschinen mit der Bezeichnung A+++ wenig Strom verbrauchen und durchschnittlich ein Drittel weniger Wasser benötigen als ältere Modelle. Wer solche Geräte besitzt und diese erst dann einschaltet, wenn sie komplett gefüllt sind statt im halb leeren Zustand, handelt vorbildlich und trägt sehr wirksam zum sparsamen Umgang mit Wasser und damit zum Schutz unserer Umwelt bei. Der richtige Gebrauch von Reinigungsmitteln trägt zum Gewässerschutz bei.

INFO zur Sprache

Der Prüfungsaufsatz wird im Präsens verfasst. Die Sprache muss abwechslungsreich, sachlich genau und gedanklich klar gestaltet werden. Satzbau und Ausdrucksweise müssen gut verständlich, logisch zusammenhängend und widerspruchsfrei sein.

Im Folgenden findest du wichtige Gesichtspunkte, auf die es bei der angemessenen Formulierung deiner Erörterung ankommt. Schau dir die zugehörigen Beispiele an und bearbeite die dazu gestellten Aufgaben.

Verbinden von Gedanken
Der Hauptteil des Prüfungsaufsatzes setzt sich aus einer Reihe von Argumentationen zusammen. Diese dürfen nicht einfach nebeneinandergestellt, sondern müssen sprachlich abwechslungsreich in Verbindung zueinander gesetzt werden. Das gelingt gut, wenn du unterschiedliche Konjunktionen und Adverbien sowie verschiedene einleitende Wendungen nutzt.

TIPP zur Übersichtlichkeit

Die Einteilung in Abschnitte erleichtert die Übersicht. Nach jedem Unterpunkt solltest du eine neue Zeile beginnen.
Nach jedem Oberpunkt ist es sinnvoll, eine Zeile frei zu lassen.

1 Ergänze die unter a) und b) genannten Überleitungen:

a) Konjunktionen und Adverbien
Beispiele: Wir sollen Spülmaschinen erst dann einschalten, wenn sie komplett gefüllt sind.
Auch der richtige Gebrauch von Reinigungsmitteln trägt zum Gewässerschutz bei.

Nenne weitere Konjunktionen und Adverbien:

sobald, ______________________________

zudem, ______________________________

b) einleitende Wendungen
Zudem muss erwähnt werden, dass der richtige Gebrauch von Reinigungsmitteln zum Gewässerschutz beiträgt.

Nenne weitere einleitende Wendungen:

Außerdem darf man nicht vergessen, ______________________________

____

____

Vermeiden von „man" und „kann"
Aus der Erörterung eines Schülers:

Wenn man einen Topf entkalken will, kann man beispielsweise Essig statt aggressiver chemischer Mittel verwenden. Man kann zwar auf Reinigungsmittel nicht komplett verzichten, aber man sollte sie richtig dosieren. So kann man einen wichtigen Beitrag zum Schutz unserer Gewässer leisten.

2 Formuliere die einzelnen Sätze der stilistisch zu eintönigen Erörterung so um, dass „man" und „kann" höchstens einmal pro Satz vorkommen. Der Inhalt der Sätze muss dabei natürlich unverändert bleiben. Die folgenden Möglichkeiten helfen dir dabei:

a) Verwenden des Passivs
Beispiel: Man kann Essig statt aggressiver chemischer Mittel verwenden.
Statt aggressiver chemischer Mittel sollte Essig verwendet werden.

___

___

b) Verwenden des Infinitivs mit „zu"
Beispiel: Man kann Essig statt aggressiver chemischer Mittel verwenden, wenn man einen Topf entkalken will.
Man sollte Essig statt aggressiver chemischer Mittel verwenden, um einen Topf zu entkalken.

___

___

c) Wahl eines anderen Subjekts
Beispiel: Man kann Essig statt aggressiver chemischer Mittel verwenden, wenn man einen Topf entkalken will.
Die Verbraucher können Essig statt aggressiver chemischer Mittel verwenden, wenn sie einen Topf entkalken wollen.

___

___

Vermeiden von Verallgemeinerungen
In deinen Erörterungen solltest du unbedingt Verallgemeinerungen, wie z. B. die folgende, vermeiden:

„Wer im Haushalt ohne Schutzhandschuhe oft mit scharfen Reinigungsmitteln hantiert, leidet unter Hauterkrankungen."

Hierbei handelt es sich um eine Verallgemeinerung, da sich die Aussage auf alle möglichen Personen bezieht. Wäre nur eine bestimmte Gruppe gemeint, hätte der Verfasser dieses Satzes dies auch benennen müssen. Derartige Aussagen mit Signalwörtern wie „alle" und „immer" beziehen sich meist auf eine zu große Menge an Personen, sodass ihr Wahrheitsgehalt kaum noch nachprüfbar ist.

3 Suche mehrere unterschiedliche Möglichkeiten, diese Aussage umzuformulieren.

Abwechslungsreicher Stil: Vermeiden von weiteren Wiederholungen
Argumentationen, bei denen Schlüsselbegriffe oder Verben häufig wiederholt werden, klingen holprig und wenig flüssig. Wortwiederholungen sind deshalb zu vermeiden.

4 Verbessere den folgenden Text, indem du andere Formulierungen für die unterstrichenen Wiederholungen findest. Nutze für deine komplette verbesserte Version ein separates Blatt.

Die Müllvermeidung ist zudem ein wichtiger Beitrag zum Umweltschutz. In dem Schaubild auf Seite 16 ist zu sehen, dass die Menge an Verpackungsmüll, die in Deutschland pro Kopf und Jahr anfällt, in den letzten Jahren stark angestiegen ist. Verpackungsmüll ist zumeist aus Papier, Kunststoff, Glas und Weißblech zusammengesetzt. Am wenigsten problematisch ist dabei die Entsorgung des Papiermülls. Deshalb ist es sinnvoll, beim Kauf von Lebensmitteln darauf zu achten, dass die Lebensmittel nicht aufwendig mit schlecht wiederverwendbaren Plastikhüllen verpackt sind. Der Metzger verpackt beispielsweise seine Wurstwaren mit Papierhüllen, die gut wiederverwendbar sind. Glas soll durch die Verpackungsverordnung zu 75 %, Papier und Karton zu 70 % wiederverwendet werden.

Sachlich schreiben: Vermeiden von Umgangssprache
Am Anfang des Kapitels B 4 hast du erfahren, wie der Prüfungsaufsatz sprachlich gestaltet wird.
Im Beispiel unten ist die Schülerin insgesamt nur wenig sachlich vorgegangen.

5 Verbessere den folgenden Text, indem du für die unterstrichenen umgangssprachlichen Redewendungen sachliche Formulierungen verwendest.

Neben der Müllvermeidung trägt die richtige Entsorgung zum Umweltschutz bei. Man soll nicht alles einfach in den Abfall schmeißen, sondern das Zeug sortieren, damit nicht alles verbrannt wird. Ob man daheim ist oder auf der Arbeit, überall stehen Tonnen rum, die helfen, Rohstoffe wiederzuverwenden. Papier- und Glascontainer gibt es an jedem Eck. Wenn man da seine Sachen reinwirft, werden sie wiederverwendet und nicht verbrannt. Zudem gibt's ja nicht nur in Nürnberg für den restlichen Verpackungsmüll den Gelben Sack. Kunststoffverpackungen, Styropor und Folien können ebenso reingeschmissen werden wie Blechdosen und Aluminium. Auswaschen braucht man nicht.

Verständlicher Satzbau: Auf vollständige Sätze achten
Der folgende Teil eines Schüleraufsatzes enthält eine Reihe von Satzbaufehlern, weil die Schülerin die Regeln, die für die richtige Konstruktion von Sätzen gelten (siehe Infokasten), nicht beachtet hat.

6 Verbessere im folgenden Text die unterstrichenen Fehler, indem du die Sätze so umbaust, dass sie vollständig sind.

Auch für die Reinhaltung der Luft können die privaten Haushalte einen wichtigen Beitrag leisten. In dem Schaubild auf Seite 17 ist zu erkennen, dass 71 % der Energie, die eine Familie zu Hause verbraucht, für die Heizung benötigt werden. Meist sind moderne Heizungsanlagen deutlich sparsamer als ältere Systeme. Sodass sich die Kosten für einen Austausch eines zwanzig Jahre alten Heizkessels schon nach kurzer Zeit wieder ausgleichen. Auch die richtige Raumtemperatur spielt eine wichtige Rolle. 20 °C sind in den meisten Zimmern ausreichend. Jedes Grad weniger spart etwa 6 % Heizenergie. Was für eine vierköpfige Familie durchschnittlich eine jährliche Ersparnis von 80 Euro bedeutet. Ein großer Vorteil für das Haushaltsbudget.

INFO zum Satzbau

Jeder vollständige Satz muss mindestens je ein Subjekt und Prädikat (finites Verb) enthalten und allein einen Sinn ergeben.
Der Nebensatz, der ohne Hauptsatz keinen Sinn ergibt und bei dem das finite Verb am Ende zu finden ist, darf nie alleine stehen.

B 5 Aussagen mit Textstellen belegen

Um einen inhaltlich überzeugenden Prüfungsaufsatz zu verfassen, ist es sowohl bei der materialgebundenen Erörterung als auch beim textgebundenen Aufsatz unbedingt notwendig, Aussagen mit Textstellen zu belegen. Es besteht jedoch die Möglichkeit, auf unterschiedliche Art und Weise mit diesen Materialien umzugehen. Von besonderer Bedeutung ist dabei die sprachlich richtige Darstellung.

Sinngemäße Wiedergabe von Textstellen
Die in diesem Abschnitt verwendeten Beispiele wurden dem Text „Sie ist die einzige weibliche Sprengmeisterin in Bayern“ von Alexander Brock (Seite 9 f.) entnommen.
Wenn du in deinen Ausführungen Aussagen anderer Personen sinngemäß wiedergibst (indirekte Rede), muss der Konjunktiv I verwendet werden, damit der Leser klar erkennen kann, dass sie nicht von dir stammen. Hier hat ein Schüler den Anleser des Textes von Alexander Brock bereits richtig umformuliert.

Der Verfasser stellt Sprengmeisterin Bettina Jurga vor, die in Bayern die einzige Frau sei, die in ihrem Einsatzgebiet Franken bisher nicht entdeckte, aber noch gefährliche Bombenfunde aus dem Zweiten Weltkrieg entschärfe. Dies geschehe im Team mit einem Kollegen im Auftrag des bayerischen Staates.

1 Gib die folgenden wörtlichen Textstellen sinngemäß wieder:

a) „Es gibt kein Ritual vor der Entschärfung. Doch gönnen sich Bettina Jurga und Tobias Oelsner noch vier Minuten Ruhe, ehe sie an ein explosives Relikt aus dem Zweiten Weltkrieg Hand anlegen. In diesen vier Minuten schreiben sie ihrer Familie, sprechen kaum ein Wort und sind in Gedanken, während im Umkreis von 300, 500 oder auch mal 1000 Metern außer ihnen keine Menschenseele mehr ist.“ (Z. 15 ff.)

TIPP zum richtigen Zitieren
Achte darauf, dass sich bei der sinngemäßen Wiedergabe von Textstellen Satzbau und Wortwahl vom Originaltext unterscheiden, damit der Leser deines Aufsatzes sofort erkennt, dass du den Text verstanden hast.

b) „Zunächst erwarb sie den ‚Sondierschein‘ nach einer Ausbildung an der Dresdner Sprengschule. Mit diesem Dokument bewarb sie sich bundesweit bei einschlägigen Unternehmen. Einen Treffer landete sie schließlich im März 2013: Die Tauber GmbH aus Feucht bot ihr eine Stelle an.“ (Z. 38 ff.)

Um anzuzeigen, dass du eine Textstelle nur indirekt und stark verkürzt wiedergibst (sinngemäße Umschreibung), genügt ein Herkunftsverweis, für den du die Abkürzung „vgl.“ verwendest. Schau dir dazu das folgende Beispiel an, in dem ein Schüler den originalen Textabschnitt bereits richtig als sinngemäßes Zitat gekennzeichnet hat:

Beispiel:
„Steht sie mit ihrem Kollegen am Fundort, heißt es: Das Team muss den Sprengkörper und den Zündmechanismus bestimmen. Handelt es sich um einen mechanischen Aufschlag- oder einen chemischen Langzeitzünder? Steht das fest, müssen die Kampfmittelexperten entscheiden – sollen sie den Blindgänger entschärfen oder gar sprengen, wie im Februar 2019 an der Stadtgrenze zu Fürth in der Nähe der Fürther Pyramide. Hier sichteten sie an einer britischen 500-Kilo-Bombe einen gefährlichen chemischen Langzeitzünder. Bereits eine leichte Erschütterung hätte zur Detonation führen können.“ (Z. 56 ff.)

Nach dem Eintreffen am Fundort müssen die beiden Sprengstoffexperten die Bombe und vor allem den eingebauten Zünder genau untersuchen. Dabei klären sie, ob der Sprengkörper entschärft werden kann oder vor Ort gesprengt werden muss, wie das im Februar 2019 in Fürth wegen eines sehr gefährlichen Zünders der Fall war (vgl. Z. 56 ff.).

Wörtliche Wiedergabe von Textstellen

Wenn du Textstellen wörtlich übernimmst, müssen diese immer mit Anführungszeichen gekennzeichnet werden, sodass der Leser stets darüber orientiert ist, welche Textteile von dir und welche zitiert sind. Denke auch daran, Zitate im Zitat mit einfachen Anführungsstrichen zu kennzeichnen. Anschließend musst du erklären, woher die Textstelle stammt. Diese Angabe darf in Klammern gesetzt werden. Dabei kannst du die Abkürzungen Z. (Zeile), S. (Seite), f. (folgende), ff. (die folgenden) und V. (Vers) nutzen. Die unten stehenden Beispiele zeigen dir, wie es richtig geht.

Da sich das folgende Zitat nur auf einer Zeile des Textes befindet, reicht die einfache Zeilenangabe aus.

Beispiel: „Ihr Einsatzgebiet liegt in Franken." (Z. 6)

Beim nächsten Beispiel erstreckt sich das Zitat über zwei Zeilen des Textes.

Beispiel: Folgende Situation ergibt sich immer wieder: „Stoßen Arbeiter oder Sondierer auf alte Sprengkörper, rücken Bettina Jurga und Tobias Oelsner aus." (Z. 48 f.)

Hier erstreckt sich das Zitat über mehrere Zeilen (Text: „Ausbildung auf dem Gebiet der Kampfmittelbeseitigung").

Beispiel: Von großer Bedeutung ist die dritte Qualifikationsstufe: „Diese Ausbildung dauert neun Wochen. Nach erfolgreichem Abschluss dürfen die Teilnehmer alle erforderlichen Arbeiten im Zusammenhang mit der Kampfmittelbeseitigung eigenverantwortlich ausführen – ausgenommen sind jedoch das Verbringen und Vernichten von Kampfmitteln." (Z. 29 ff.)

Die richtige Schreibweise von Zitaten

Wörtlich übernommene Textstellen müssen auch in Sachen Rechtschreibung und Zeichensetzung korrekt in deinen eigenen Text eingefügt werden. Beachte darum folgende Regeln zur **Groß- und Kleinschreibung**. In den beiden Schülerbeispielen sind diese Regeln bereits richtig umgesetzt.
Wird das Zitat eines ganzen Satzes mit einem Doppelpunkt eingeleitet, schreibt man das erste Wort groß.

Was bei der Entschärfung für Bettina Jurga von größter Bedeutung ist, beschreibt der Verfasser so: „Sie benötigt einen ruhigen, gleichmäßigen Atem, wenn ihre wasserblauen Augen den Zünder fixieren, und sie braucht eine ruhige Hand, wenn sie diesen langsam entfernt."

Nach Zitaten innerhalb eines Satzes schreibt man klein weiter. Der Begleitsatz wird hier mit Komma vom Zitat getrennt.

„Die Lage des Blindgängers im Boden, seine Größe, die Art des Zünders sowie die Bebauung um den Fundort herum sind dafür ausschlaggebend", wie viele Anwohner bei der Entschärfung evakuiert werden müssen.

Bei der **Zeichensetzung** musst du auf Folgendes achten: Vor dem Komma zwischen wörtlich wiedergegebenem Text und Begleitsatz verliert der wörtlich wiedergegebene Satz seinen Schlusspunkt. Steht das Zitat am Satzende, fällt der Punkt nach dem Schlusszeichen weg. Im folgenden Beispiel treten beide Fälle auf:

„Wenn der Zünder sich beim Aufprall verkantet oder verdreht hat", erklärt Bettina Jurga, „ist beim Entschärfen höchste Vorsicht geboten."

Auch die **Abkürzung wörtlicher Textstellen** ist möglich. Für eine bessere Übersichtlichkeit ist es sinnvoll, weniger aussagekräftige Teile langer Textstellen aus dem wörtlichen Zitat herauszukürzen, wenn das Zitat ansonsten übermäßig lang würde. Im Folgenden erfährst du, worauf du dabei achten musst. In zwei Schülerbeispielen sind diese Besonderheiten bereits richtig umgesetzt.

Einzelne Wörter oder Satzteile dürfen in den eigenen Text eingefügt, müssen aber mit Anführungszeichen versehen werden. Auslassungen in Texten werden mit drei Punkten in eckigen Klammern gekennzeichnet.

Die Sprengmeisterin erklärt, dass sie nach Hof „mit einem flauen Gefühl im Bauch gefahren" sei.

Nach der Ausbildung in Dresden lernte sie die Praxis vor allem bei Sprengmeister Michael Weiß. „Bisher war es vor allem [...] Weiß, der [...] in den Medien auftauchte."

Fehlerhaftes Zitieren

2 Hier wurde fehlerhaft zitiert. Benenne die Fehler und schreibe die richtige Zitierform darunter.

a) „Steht sie mit ihrem Kollegen am Fundort, muss das Team den Sprengkörper und den Zündmechanismus bestimmen." (Z. 56 f.)

Fehler: Der Schüler hat das wörtliche Zitat sprachlich verändert, ohne dies zu kennzeichnen.

korrekt: „Steht sie mit ihrem Kollegen am Fundort, heißt es: Das Team muss den Sprengkörper und den Zündmechanismus bestimmen." (Z. 56 f.)

b) Warum Bettina Jurga in ihrem Beruf eine Sondereinstellung innehat, erklärt der Verfasser so: „Ein Bekannter, selbst im Kampfmitteljob tätig, brachte sie vor einigen Jahren auf die Idee." (Z. 37 f.)

Fehler: ____________________

korrekt: ____________________

c) „Rund 80 alte Sprengkörper hat Bettina Jurga während der Ausbildung im Team schon entschärft." (Z. 34 f.)

Fehler: ____________________

korrekt: ____________________

d) Schließlich beschreibt der Verfasser ihren weiteren Werdegang. Zweieinhalb Jahre später absolvierte sie noch eine Ausbildung in Bad Marienberg. Jurga wurde Truppführerin. Schließlich brachte sie ein dritter Lehrgang ans Ziel. (vgl. Z. 46 ff.)

Fehler: ____________________

korrekt: ____________________

3 Mit welcher Absicht hat der Verfasser des Textes „Sie ist die einzige weibliche Sprengmeisterin in Bayern" gerade dieses Thema für seinen Zeitungsartikel ausgewählt? Füge zur Begründung deiner Behauptungen auf verschiedene Weisen Zitate ein.

B 6 Eigene Texte überarbeiten

Beim Verfassen deines Textes sind dir vielleicht Ungereimtheiten aufgefallen oder es sind Unsicherheiten in Sprache, Rechtschreibung oder Grammatik aufgetaucht.
Die folgende Checkliste soll dir helfen, dich an die wichtigen Aspekte der Textproduktion zu erinnern und dich auf eventuelle Fehler aufmerksam zu machen. Wenn du bisher wenig Erfahrungen mit Textüberarbeitungen gesammelt hast, kann die Arbeit mit der Checkliste zeitaufwendig sein, weil du deinen Text mehrmals durchlesen musst. Bei häufiger Anwendung automatisierst du jedoch einzelne Gesichtspunkte, sodass du bei deiner Abschlussprüfung Zeit sparen und deinen Text gründlich verbessern kannst.

CHECKLISTE zur Textüberarbeitung

	erfüllt	nicht erfüllt
Inhaltliches		
✓ Wurde die Themenstellung genau beachtet?	☐	☐
✓ Hast du alle in der Aufgabenstellung geforderten Teilbereiche bearbeitet?	☐	☐
✓ Ist dein Text sinnvoll gegliedert und aufgebaut? Ist in deinen Ausführungen ein logischer Zusammenhang erkennbar?	☐	☐
✓ Stimmen Gliederung und Aufsatz überein?	☐	☐
Formales		
✓ Ist dein Text überschaubar gestaltet (Absätze)?	☐	☐
Sprachliches/Stil		
✓ Ist deine Sprache abwechslungsreich (treffende Adjektive und Verben ...)?	☐	☐
✓ Sind deine Sätze flüssig verknüpft (*und, oder, obwohl, sodass* ...)?	☐	☐
✓ Hast du überflüssige Wiederholungen vermieden?	☐	☐
✓ Ist die Sprache sachlich klar, angemessen und ansprechend? Wurde Umgangssprache vermieden?	☐	☐
✓ Hast du durchgehend die korrekte Zeitform angewendet?	☐	☐
Rechtschreibung/Fehlerschwerpunkte		
✓ Hast du Zweifelsfälle im Wörterbuch nachgeschlagen?	☐	☐
✓ *Das* oder *dass*? (Wenn du es durch *dieses*, *jenes* oder *welches* ersetzen kannst, wird es mit einem *s* geschrieben.)	☐	☐
✓ Hast du die Regeln der Groß- und Kleinschreibung beachtet?	☐	☐
✓ Hast du die Regeln der Getrennt- und Zusammenschreibung beachtet?	☐	☐
✓ Hast du die Regeln der Zeichensetzung beachtet?	☐	☐
Grammatik		
✓ Ist der Satzbau durchgehend korrekt?	☐	☐
✓ Hast du überall das korrekte Genus, den korrekten Kasus gebildet?	☐	☐

Im Folgenden findest du verschiedene Aufgaben, die unterschiedliche Gesichtspunkte einer Textüberarbeitung beinhalten.

1 Dieser Teil eines Schüleraufsatzes enthält eine Reihe von inhaltlichen, sprachlichen und formalen Fehlern. Gehe den Text mithilfe der Checkliste durch und verbessere die Fehler, die du gefunden hast.

Thema: Viele Jugendliche haben zurzeit keine Arbeits- oder Lehrstelle. Erörtern Sie die Probleme, die sich aus dieser Situation ergeben.

Nach einer Statistik der Bundesagentur für Arbeit hatten im Dezember des letzten Jahres mehr als fünf Prozent der Jugendlichen unter zwanzig Jahren keine Arbeitsstelle. Ich frage mich, welche Probleme sich aus dieser Situation ergeben.
Zuerst sind die Probleme zu nennen, die den betroffenen Jugendlichen selbst betreffen, wenn er keine Möglichkeit hat auf die Arbeit zu gehen. Er verdient kein Geld. Er ist auf die finanzielle Unterstützung der Eltern angewiesen.
Er löst dieses Problem dadurch, dass er mal wieder auf die Schule geht. Für einen Realschulabgänger bietet sich die FOS an, doch muss er hier für die Aufnahme einen Notendurchschnitt von 3,33 in den Fächern Deutsch, Englisch und Mathematik im Abschlusszeugnis erreicht haben. Außerdem ist hier die Gefahr des Scheiterns groß da die gestellten Ansprüche höher sind.
Um nicht untätig zu Hause rumzusitzen nehmen viele Jugendliche Jobs an, für die man keine besondere Ausbildung braucht. Meist sind das Hilfsarbeitertätigkeiten zum Beispiel in Lebensmittelmärkten. Diese verlieren aber wenn es zu Entlassungen im Betrieb kommt zuerst die Arbeitsstelle, weil fast jeder die geforderten Tätigkeiten ausüben kann.
Arbeitslose Jugendliche werden kriminell. Für viele Jugendliche ist es heutzutage selbstverständlich, ein Smartphone zu besitzen, Playstation und MP3-Player anzuschaffen, und den leistungsfähigsten Computer oder Laptop zu kaufen. Dazu will man auch auf die jährliche Urlaubsreise nicht verzichten. Gerade diese Dinge aber kosten eine Menge Geld und übersteigen möglicherweise die finanziellen Möglichkeiten eines Arbeitslosen, der sich diese Sachen dann vielleicht illegal beschafft.

Die folgenden zwei Arbeitsaufträge beziehen sich auf den Text „Sie ist die einzige weibliche Sprengmeisterin in Bayern“ von Seite 9 f.

2 Untersuche auffällige sprachliche Mittel und beschreibe deren Wirkung. Belege deine Aussagen mit Textstellen.

3 Stelle mithilfe des Textes „Ausbildung auf dem Gebiet der Kampfmittelbeseitigung“ den Weg zum Beruf des Sprengmeisters / der Sprengmeisterin dar.

TIPP

Hast du noch Übungsbedarf beim Thema Rechtschreibung? Kein Problem!
Unter www.finaleonline.de findest du das kostenlose „EXTRA-Training Rechtschreibung“ mit ausführlichen Regeln und Übungen zu allen Bereichen der Orthografie.

C Die Erörterung

C 1 Grundlegendes

Keine Angst vor der Erörterung

Die Erörterung wird aus Schülersicht oft als schwieriger und aufwendiger als der TGA angesehen, dabei geht es bei der Aufsatzform Erörterung um nichts anderes als um **Kommunikation**. Im täglichen Umgang mit unseren Mitmenschen – ob in der Schule, zu Hause oder in der Freizeit – kommunizieren wir ständig bewusst oder unbewusst miteinander. Damit ist meist die Absicht verbunden, unseren Kommunikationspartner von etwas zu überzeugen. Je besser wir dabei **argumentieren** – also unser Anliegen **begründen** –, desto leichter gelingt dies. Du hast sicherlich schon selbst festgestellt, dass du mit stichhaltigen und sachlichen Argumenten, z. B. bei der Frage nach einer Taschengelderhöhung, erfolgreicher überzeugen kannst als mit einer unbegründeten und salopp in den Raum geworfenen Forderung. Bei der Aufsatzart Erörterung argumentierst du schriftlich zu einer Themafrage. Dein Kommunikationspartner ist anders als bei einer richtigen Unterhaltung nur in deiner Vorstellung vorhanden. Stelle dir grundsätzlich vor, dass dieser über den angegebenen Sachverhalt nichts weiß und das Thema daher ausführlich und gründlich erörtert werden muss.

INFO zur Argumentation

Ein stichhaltiges Argument besteht aus den **drei B**:
- **B**ehauptung
- **B**egründung
- **B**eispiel

TIPP Ist die Erörterung „meine“ Aufsatzform?

- ☑ Du verfügst über ein breites Allgemeinwissen?
- ☑ Über aktuelle Ereignisse hältst du dich auf dem Laufenden?
- ☑ Du kannst dich mündlich überzeugend und gewandt ausdrücken?
- ☑ Dein Schreibstil und dein grammatikalischer Ausdruck sind abwechslungsreich?

Wenn du bei diesen Punkten genickt hast, dann solltest du für deine Deutschabschlussprüfung die Erörterung in Betracht ziehen.

Erörterung ist nicht gleich Erörterung

Bei der Aufsatzart Erörterung setzt du dich schriftlich mit einem Thema auseinander und betrachtest es unter verschiedenen Gesichtspunkten. Ein gewisses Sachwissen und eine **fundierte Allgemeinbildung** sind für das Gelingen der Erörterung unabdingbar. Die tägliche Zeitungslektüre und das Verfolgen der Nachrichten sowie Erkenntnisse aus anderen Schulfächern oder deiner Freizeit können dir bei der Auseinandersetzung mit der Themafrage sehr nützlich sein.

Im Fach Deutsch gibt es seit 2022 nur noch die Erörterung mit Informationsmaterial (auch materialgestützte Erörterung genannt).

Bei dieser Erörterungsart steht dir umfangreiches Material beispielsweise in Form von Texten, Schaubildern, Zeichnungen oder Bildern als Anregung und Hilfe zur Verfügung. Du **musst** diese Materialien auswerten und sinnvoll in deine Erörterung einbeziehen.

Es gibt mehrere Erörterungsarten:
- **eingliedrige Erörterung** → Eine Themafrage soll erörtert werden.
  Beispiel:
  „Wie kann jeder Einzelne seinen Beitrag zu einer sauberen Umwelt leisten?"
- **zweigliedrige Erörterung** → Zwei Fragen sollen erörtert werden.
  Beispiel:
  „Welche Vor- und Nachteile hat das Tragen von Schuluniformen?"
  Neben der Frage nach den „Vor- und Nachteilen" weisen auch Formulierungen wie „Chancen und Gefahren" sowie „Probleme und Maßnahmen" auf die zweigliedrige Erörterung hin.
- **mehrgliedrige Erörterung** → Mehr als zwei Fragen sollen erörtert werden.
  Beispiel:
  „Das Einkaufen ‚rund um die Uhr' birgt für die Konsumenten viele Vorteile. Welche Probleme, aber auch Chancen entstehen dadurch jedoch für die Arbeitnehmer? Wie stehst du selbst dazu?"

INFO

Manchmal verlangt eine Themafrage von dir nach der Erörterung der Vor- und Nachteile auch eine Entscheidung oder **Stellungnahme** zum Thema. Typische Formulierungen, die dich auf ein **Entscheidungsthema** hinweisen:
- *Urlaub mit der Clique – **was hältst du davon?***
- ***Würdest du gerne** einen Urlaub ohne Eltern verbringen?*
- ***Soll man … / Ist es sinnvoll …?***

In der Regel sind die Themen der Prüfungserörterungen ein- oder zweigliedrig.

Das richtige Verstehen der Frage, das Erkennen von Schlüsselbegriffen und die genaue Bestimmung der Erörterungsart ist bereits die erste Herausforderung, die in der Prüfung auf dich zukommt und die Erörterung damit schwieriger als den TGA erscheinen lässt. Auch wenn es zunächst knifflig aussieht: Wenn du die Themenwahl und die Analyse der Frage ruhig und konzentriert angehst, wirst du diese erste Hürde leicht nehmen.

Wichtig ist, dass du klar erkennst, ob ein- oder mehrgliederig erörtert werden muss. Außerdem gilt es, Themeneinschränkungen (z. B. Folgen oder Folgen für Jugendliche) zu erfassen.

Auf den folgenden Seiten wirst du gezielte Informationen und zahlreiche Beispiele zur richtigen Themenerschließung erhalten. Durch die dazugehörigen Übungen wirst du schnell erkennen, dass die Themenanalyse leichter ist als gedacht.

TIPP

Auch wenn du in der Abschlussprüfung den TGA wählen möchtest, solltest du das Erörtern trotzdem üben. Nicht selten wird in einer Aufgabe des TGA eine kurze Erörterung zum Thema des Grundlagentextes erwartet.

C 2 Schritt für Schritt zur Erörterung

Die Themenanalyse

Um eine Themafrage genau und umfassend erörtern zu können, muss das Thema genau erfasst werden. Es ist sehr wichtig, dass du die **Schlüsselbegriffe** (= das Thema) der Frage sowie mögliche **Einschränkungen** erkennst. Lies dir dazu die Themafrage mehrmals aufmerksam durch und unterstreiche die Kernbegriffe und Einschränkungen.

TIPP

Ist die Formulierung der Themafrage schwer verständlich, hilft es, wenn du sie in eigenen Worten aufschreibst.

Beispiel: „Warum hat das äußere Erscheinungsbild für Jugendliche häufig eine besondere Bedeutung? Welche Probleme können in diesem Zusammenhang auftreten?"

Thema: Äußeres Erscheinungsbild
Einschränkung: bei Jugendlichen

1 Analysiere die folgenden Fragen auf ihre Schlüsselbegriffe und Einschränkungen. Markiere diese in verschiedenen Farben. Stell dir dabei die Frage: „Worum geht es?"

a) „Worin liegen die Ursachen von Bewegungsmangel bei Kindern und Jugendlichen?"

Schlüsselbegriffe: ____________________

Einschränkung: ____________________

b) „Viele Jugendliche haben Accounts bei Instagram oder ähnlichen sozialen Medien. Warum stellen sich Jugendliche gerne im Internet öffentlich dar und welche Nachteile kann dieses Verhalten mit sich bringen?"

Schlüsselbegriffe: ____________________

Einschränkung: ____________________

c) „Vegane Ernährung: Warum verzichten immer mehr Menschen auf tierische Lebensmittel? Was kann man daran kritisch sehen?"

Schlüsselbegriffe: ____________________

Einschränkung: ____________________

2 Kreuze an, ob du die jeweilige Erörterung **ein-** oder **zweigliedrig** aufbauen musst. Fasse den Erörterungsauftrag kurz zusammen.

zu a)	zu b)	zu c)
eingliedrig ☐ zweigliedrig ☐ Das muss ich erörtern: ____________ ____________ ____________	eingliedrig ☐ zweigliedrig ☐ Das muss ich erörtern: ____________ ____________ ____________	eingliedrig ☐ zweigliedrig ☐ Das muss ich erörtern: ____________ ____________ ____________

Die Materialauswertung

Bei der materialgestützten Erörterung erhältst du verschiedene Informationsmaterialien.
Die Materialauswahl ist meist sehr vielfältig und kann u. a. aus Folgendem bestehen:
- kürzere Texte, z. B. Zeitungsberichte, Zeitschriftenbeiträge, Auszüge aus Büchern, Lexikonartikel, Gedichte, Zitate, Schlagzeilen, fiktive Notizen zum Thema
- Internettexte, z. B. Auszüge aus Blogs und Chatverläufe
- Interviews
- Bildmaterial, z. B. Fotografien, Zeichnungen, Karikaturen, Cartoons, Statistiken (in Form von Tabellen, Diagrammen und Karten), Grafiken, Logos

Vorgehensweise

- Analysiere das Thema gründlich, um zu wissen, welche Materialien wichtig bzw. unwichtig sind.
- Werte zuallererst die Materialien aus und beginne erst dann mit der Stoffsammlung.
- Nicht alle Materialien sind geeignet. Kennzeichne, was für deine Erörterung infrage kommt.
- Ergänze die Informationen aus den Materialien um eigene Ideen.
- Das Material muss sinnvoll eingebracht werden.
- Gib bei Daten aus dem Informationsmaterial die Quelle an und zitiere korrekt.

Auswertung der Materialien

Texte

Lies dir Textmaterial stets gründlich durch und entscheide, ob es zur Beantwortung der Themafrage hilfreich ist. Markiere Wichtiges farbig und mache dir auf dem Konzeptpapier Notizen zur Verwendung des Materials. Denke daran, dass umfassend erörtert werden soll. Liegen dir beim Thema Fast Food nur Materialien zu Hamburgern vor, musst du eigenständig an weitere Formen von Fast Food denken.

Bilder und Grafiken

Betrachte Bilder genau und achte auf Details. Überlege auch hier, ob Bild und Thema zusammenpassen. Gib dem Bild einen Titel, der die Bildaussage zusammenfasst.

Schaubilder

Analysiere das Schaubild sorgfältig (siehe Kapitel B 3, Seite 16 f.) und beachte zusätzliche Angaben, z. B. Titel, Prozentangaben.

Wie binde ich die Materialien in den Aufsatz ein?

Du darfst kurze Textausschnitte gerne wörtlich zitieren, solange dabei die formalen Vorgaben beachtet werden (siehe Seite 21 ff.). Vermeide es, ganze Textpassagen einfach in deinen Aufsatz zu übernehmen. Stattdessen sollte die **Aussage** des gewählten Textes, des Schaubildes oder der Karikatur in eigenen Worten und unter Angabe des verwendeten Materials wiedergegeben werden, z. B. so:

- *Wie in dem Cartoon (Material 1) dargestellt …*
- *Ich stimme der Verfasserin von Material 3 in einem Punkt zu …*
- *Besonders beim Analysieren des „Heidelberger Modells“ (Material 5) wurde mir klar, dass …*
- *Die Informationen aus Material 4, dem Schaubild, sind zutreffend, weil …*

INFO

Nicht immer lassen sich alle zur Verfügung gestellten Materialien auch für deinen Aufsatz nutzen. Du musst bei jedem Material prüfen, ob es zur Themafrage passt und für deine Erörterung wichtig ist.

TIPP

So findest du eigene Argumente:
- Schreibe alles auf, was dir spontan einfällt (Ideenliste, Cluster).
- Stelle W-Fragen an das Thema.
- Versetze dich in die Lage von Personen, die vom Problem der Themafrage betroffen sind.

3 Erschließe das Erörterungsthema: „Welche Gründe sprechen für ein nachhaltiges Verhalten der Menschen? Zeige zudem Maßnahmen auf, wie Nachhaltigkeit im Alltag umgesetzt werden kann."
a) Unterstreiche die Kernbegriffe der Themafrage.
b) Kreuze an und ergänze den Satz.

☐ Diese Erörterung ist eingliedrig, weil ich ______________________________ erörtern muss.

☐ Diese Erörterung ist mehrgliedrig, weil ich ______________________________ erörtern muss.

c) Werte das beiliegende Material aus und notiere zu jedem Material,
- welche Art von Material vorliegt (Zeitungsartikel, Diagramm usw.),
- welche Informationen du erhältst und
- wofür das Material geeignet sein könnte.

MATERIAL 1 ______________________________

Quelle: CloudScience: „Retouren". Online unter: https://de.toonpool.com/cartoons/Retouren_329850 (zuletzt aufgerufen am 21.03.2022)

____

____

MATERIAL 2

Definition „Nachhaltigkeit“

Iris Pufé

Die Definition, die bis heute am weitesten verbreitet und anerkannt ist und somit als klassische Definition von Nachhaltigkeit gelten kann, hat ihren Ursprung im sogenannten Brundtland-Bericht von 1987, der erstmals formaljuristisch festschrieb: „Dauerhafte Entwicklung ist Entwicklung, die die Bedürfnisse der Gegenwart befriedigt, ohne zu riskieren, dass künftige Generationen ihre Bedürfnisse nicht befriedigen können.“

Quelle: Iris Pufé: Was ist Nachhaltigkeit? Dimensionen und Chancen. Bundeszentrale für politische Bildung, 21.07.2014. Online unter: https://www.bpb.de/apuz/188663/was-ist-nachhaltigkeit-dimensionen-und-chancen (zuletzt aufgerufen am 21.03.2022)

MATERIAL 3

Wenn ich mit meinen Kindern im Winter einkaufen gehe und sie sehen schöne rote Erdbeeren aus dem Ausland und sagen, ich will die jetzt haben, dann sage ich nein – Erdbeeren gibt es dann, wenn sie bei uns wachsen.

Andrea Moser (Direktorin des Biosphärenpark Wienerwald)

Quelle: Zitat aus einem Interview von Luise Steininger mit Andrea Moser vom 21.12.2015. „Wir leben nachhaltig“-Blog. Online unter: https://blog.wir-leben-nachhaltig.at/2015/12/21/interview-mit-diin-andrea-moser/ (zuletzt aufgerufen am 21.03.2022)

MATERIAL 4

Quelle: Ragnar Müller: Nachhaltig handeln. Gesellschaft Agora. Online unter: https://www.dadalos-d.org/nachhaltigkeit/grundkurs_2.htm (zuletzt aufgerufen am 21.03.2022)

MATERIAL 5

Das Heidelberger Modell *Ilge Wilhelm (BUND Heidelberg)*

[...] Umweltschutz ist eine ethische Verpflichtung
Der Schutz unserer natürlichen Lebensgrundlagen ist zum einen eine ethische Verpflichtung. Unser Handeln heute entscheidet über die Chancen der nächsten Generationen. Unser Handeln im reichen Norden, auch hier in Heidelberg, ist entscheidend für die Entwicklungschancen der verarmten Länder im Süden.

Umweltschutz ist Menschenschutz
Zum anderen geht es aber auch knallhart um eine Überlebensstrategie. Schon jetzt und erst recht in Zukunft entscheidet das Haben oder Nichthaben von natürlichen Lebensgrundlagen wie Trinkwasser und fruchtbarer Boden über Krieg und Frieden. [...]
Nur durch große kulturelle Anstrengungen besteht die Hoffnung, der Biologie des Menschen ein Schnippchen zu schlagen. Dazu gehören gesellschaftliche Regeln, die in Demokratien durch Diskussions- und Streitprozesse ausgehandelt werden, sowie eine weitsichtige Politik. Als Partner in diesen Prozessen werden umweltbewusste Menschen gebraucht, die das Notwendige formulieren können und sich engagiert dafür einsetzen.

Umweltschutz ist Lebensqualität
Nicht zuletzt geht es beim Schutz unserer natürlichen Umwelt um Lebensqualität, und zwar hier und heute. Es geht um eine Luft, die sich noch zu atmen lohnt. Um sauberes Trinkwasser. Um Lebensmittel, die man ohne Bedenken lustvoll essen kann. Es geht um Wohnräume, die nicht vergiftet sind. Um Lebensräume, in denen man sich gefahrlos bewegen kann, die nicht autoverstellt und -verlärmt sind, die noch Naturerlebnisse bieten, einen Platz zum Ausruhen der gestressten Seele.
Um diese Ziele zu erreichen, bedarf es unter anderem Informationen, Aufklärung, Bewusstseinsbildung, Überzeugungsarbeit, Motivation, Wegweisung, Hilfestellungen, Anleitungen, Vorbilder, Aktionen, Kooperationen.
In diesem Sinne arbeiten wir.

Quelle: Ilge Wilhelm: Das Heidelberger Modell. BUND Heidelberg. Online unter: https://www.bund-heidelberg.de/beratung/unser-konzept/ (zuletzt aufgerufen am 21.03.2022)

MATERIAL 6

Interview mit Frank Henke (adidas) zur Umsetzung von Nachhaltigkeit

Frank Henke, Global Director Social & Environmental Affairs bei adidas, ergänzt: „Wir setzen uns bereits seit vielen Jahren für eine nachhaltige Unternehmensführung, Umwelt- und Klimaschutz sowie faire Arbeitsbedingungen

MATERIAL 6

in den Fabriken unserer Zulieferketten ein. […] Unsere Strategie definiert Kernbereiche unserer Geschäftstätigkeit, denen wir unsere Aufmerksamkeit […] widmen: Integration ökologischer Nachhaltigkeitsaspekte in all unsere Produkte, Prozesse und Services, um die Umweltauswirkungen innerhalb unserer gesamten Wertschöpfungskette entscheidend zu reduzieren […].“

Interview von Romek Vogel mit Frank Henke, Global Director SEA adidas Group. lifeverde, 06.11.2012, Noack, Vogel GbR, Berlin.. Online unter: https://www.lifeverde.de/nachhaltigkeitsmagazin/gruene-wirtschaft/interview-frank-henke-global-director-sea-adidas-group-zum-thema-nachhaltigkeit-bei-adidas (zuletzt aufgerufen am 21.03.2022)

Die Stoffsammlung

Deine Erörterung ist nur dann überzeugend, wenn du dir vor dem Schreiben ausführliche Gedanken zu deinen Argumenten machst. Am besten sammelst du alles, was dir spontan zum Thema einfällt, auf einem **Konzeptpapier**. Ob du die Ideen aus deinem Brainstorming klassisch untereinander aufschreibst (**Ideenliste**), in einem **Cluster** (Ideenbündel) sammelst oder in Form einer **Mindmap** anlegst, bleibt dir überlassen. Notiere dir zudem bereits in der Stoffsammlung, aus welchem Material du deine Angaben übernommen hast.

4 Ergänze nun die bereits angelegte Stoffsammlung. Notiere alle wichtigen Aspekte aus den Materialien und ergänze diese durch eigene Gedanken.

So könnte deine Ideenliste in tabellarischer Form aussehen:

Gründe für nachhaltiges Verhalten	Maßnahmen für die Umsetzung
– Verantwortungsbewusstsein (M6) – Erhalt von Lebensraum für die Tierwelt (M5) – Zusammenleben in Frieden (M5) – …	– Einkauf von biologisch angebauten Lebensmitteln (M4) – bewusster Konsum (M1) – Aufklärungskampagnen (M5) – …

TIPP

Dir fällt nichts mehr ein? Dann stelle W-Fragen an das Thema: Wo? Wer? Wann? Wie? Wozu? …

Beim Cluster steht das zentrale Thema in der Mitte und die Ideen werden rundherum angeordnet:

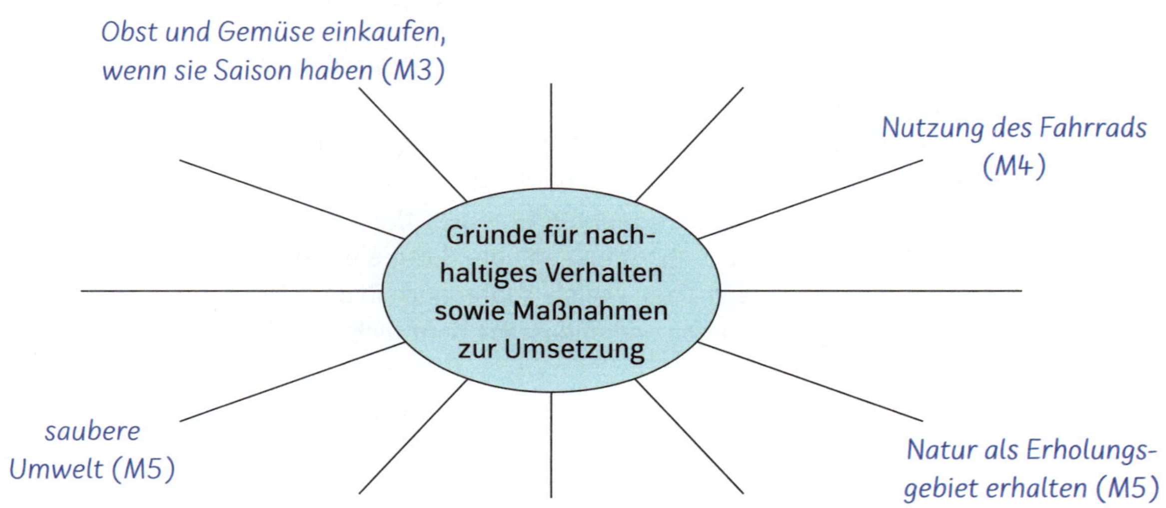

5 Ergänze das Cluster um weitere Ideen.

INFO Mindmap

Eine Mindmap (Gedankenkarte) hilft dir, erste Gedanken zur Themafrage zu sammeln und zu kategorisieren. Ausgehend vom Grundgerüst der Mindmap lassen sich neue Gedankenverknüpfungen und weitere Argumente finden:

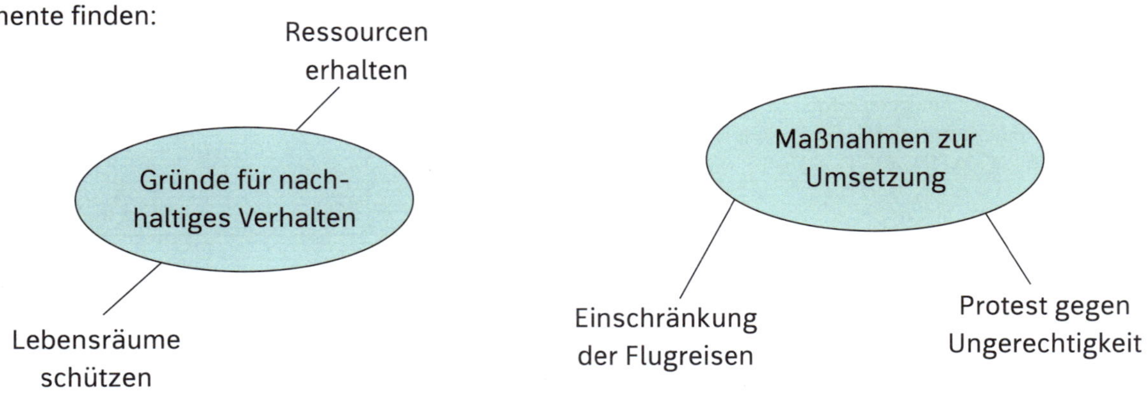

Das Anlegen einer Mindmap setzt voraus, dass du das Thema bereits im Kopf grob geordnet hast, daher ist sie nur zu empfehlen, wenn du schon Übung in der Stoffsammlung hast. Dann ist sie allerdings sehr hilfreich und erleichtert dir die Stoffordnung erheblich.

6 Suche dir eigene Materialien im Internet zur Themafrage: „Erörtern Sie, warum sich immer mehr Jugendliche gewalttätig verhalten und was dagegen unternommen werden kann." Erstelle anschließend eine Stoffsammlung zur Auswerung der Materialien und lege dazu ein Cluster an.

Die Stoffordnung

Nach der Sammlung deiner Ideen musst du überlegen, welche deiner Gedanken inhaltlich zusammengehören und ob wirklich alle Punkte sinnvolle Argumente ergeben. Zusammengehöriges taucht später in der Gliederung als **Oberbegriff**, **Unterbegriff** und **Unterpunkt** auf, z. B.:

Der Wert der Familie (Oberbegriff)
für mich persönlich (Unterbegriff)
Geborgenheit und Vertrauen (Unterpunkt)

So kannst du Ordnung in deine Stoffsammlung bringen:

- Solltest du eine Ideenliste oder ein Cluster angelegt haben, ist es sinnvoll, deine Gedanken mit farbigen Markierungen oder Symbolen zu ordnen.
- Hast du eine Mindmap angelegt, ist das Ordnen etwas leichter, da du hier bereits verschiedene Kategorien hast. Überprüfe, ob es Überschneidungen oder unwichtige Punkte gibt und streiche diese.
- Suche für zusammengehörende Punkte passende Oberbegriffe.
- Überlege, welche Gedanken sich für Behauptungen oder Beispiele verwenden lassen.
- Jetzt werden deine Gedanken so geordnet, wie sie später auch in der Gliederung erscheinen sollen: Du beginnst mit dem weniger Wichtigen und endest mit dem wichtigsten Punkt.

INFO Ober- und Unterbegriffe

Meist gibt dir die Themafrage bereits die Oberbegriffe vor. Eine Formulierung mit „warum" zielt beispielsweise immer auf **Gründe/Motive** ab. Formulierungen wie die folgenden sind möglich:

- Welche **Vor-** und **Nachteile** bringt ein Nebenjob für Schülerinnen und Schüler mit sich?
- Erörtere **Gründe** für die Mitgliedschaft von Schülerinnen und Schülern in einem Fitnessclub und zeige **mögliche Probleme** auf.
- Welche **positiven** und **negativen Auswirkungen** bringt der Skitourismus in der Alpenregion mit sich?
- Was sind die **Ursachen** für Übergewicht bei Kindern und Jugendlichen und mit welchen **Maßnahmen** kann dem Problem begegnet werden?

Jedem Oberbegriff werden mindestens zwei Unterbegriffe zugeordnet. Je nachdem, in welche Richtung erörtert werden soll, gibt es gängige Wendungen, z. B.:

- Nutzen **für den Einzelnen oder für die Gesellschaft**, Auswirkungen **auf die Umwelt**
- **körperliche, geistige, seelische** Probleme
- **soziale, wirtschaftliche, politische, kulturelle** Ursachen
- Maßnahmen **des Einzelnen, der Gesellschaft, der Schule, der Medien**

7 Finde geeignete Oberbegriffe.
Themafrage: „Warum werden in Deutschland so viele Lebensmittel weggeworfen? Was kann dagegen unternommen werden?"

Weitergabe der Lebensmittel an gemeinnützige Organisationen
günstiger Verkauf der Lebensmittel } a) ______

Aufklärungskampagnen
Anpassung der gesetzlichen Regelungen } b) ______

Lebensmittelverlust durch Transportschäden
Überproduktion } c) ______

bedarfsgerechter Einkauf
Optimierung der Lagerhaltung } d) ______

8 Ordne die Unterbegriffe durch Verbinden richtig zu.
Themafrage: „Gerade Jungen lesen immer weniger Bücher. Erörtere mögliche Gründe dafür und zeige auf, welche Vorteile das Lesen von Büchern haben kann."

Oberbegriffe	
1	attraktivere Möglichkeiten der Freizeitgestaltung
2	soziale Gründe
3	sinnvolle Form der Unterhaltung
4	Beitrag zur Bildung

Unterbegriffe	
A	Lesen als Entspannungsmöglichkeit Stärkung der Fantasie
B	Wissenszuwachs durch Lesen Verbesserung der Rechtschreib- und Ausdrucksfähigkeit
C	Angebote durch neue Medien sportliche Betätigung
D	Bücher als Metier der Mädchen angesehen fehlende Anerkennung in der Peergroup

C 2.1 Eine Gliederung erstellen

Die Gliederung ist deiner Erörterung **vorangestellt** und ist zum einen das **gedankliche Grundgerüst**, an dem du dich bei der Ausarbeitung deiner Erörterung orientierst, und dient zum anderen dem Leser als eine Art **Inhaltsverzeichnis**. Es gibt zwei Möglichkeiten zu gliedern:

Konventionell	**Nummerisch**
A. Einleitung	A Einleitung
B. Themafrage	B Themafrage
I. Oberbegriff	1 Oberbegriff
1. Unterbegriff	1.1 Unterbegriff
a) Unterpunkt	1.1.1 Unterpunkt
b) Unterpunkt	1.1.2 Unterpunkt
2. Unterbegriff	1.2 Unterbegriff
a) Unterpunkt	1.2.1 Unterpunkt
b) Unterpunkt	1.2.2 Unterpunkt
II. Oberbegriff	2 Oberbegriff
…	…
C. Schluss	C Schluss

Ob du die konventionelle oder die numerische Gliederungsvariante wählst, ist dir überlassen, wichtig ist die **Einheitlichkeit** der Gliederung. Ein Wechsel zwischen konventionellen und numerischen Elementen ist unzulässig und wirkt sich negativ auf die Gesamtbewertung aus.
Beim Gliedern muss penibel auf Kleinigkeiten geachtet werden. Dazu zählen auch die Folgenden:

- Das erste Wort jedes Gliederungspunktes wird großgeschrieben.
- Beachte die Verwendung von Punkten und Ziffern: Bei der numerischen Gliederung stehen nach der letzten arabischen Ziffer keine Punkte. In der konventionellen Gliederung werden Punkte nach den arabischen Zahlen gesetzt.

Entscheide dich bei der Gliederung deiner Erörterung für den **Verbalstil** (vollständige Sätze) **oder** den **Nominalstil** (verkürzte Sätze bzw. Stichpunkte). **Einleitung, Oberbegriffe, Unterbegriffe, Unterpunkte** und der **Schluss** müssen dann **einheitlich** im gewählten Stil formuliert werden. Ein Stilwechsel innerhalb der Gliederung ist wie bei den Gliederungsvarianten **nicht zulässig** und wirkt sich ebenfalls **negativ** auf die Gesamtbewertung aus.

INFO Wo steht was in der Gliederung?

Beim Erörtern geht es darum, nachhaltig zu überzeugen. Dies gelingt dir, wenn du zunächst deine schwächeren Argumente anführst und dich dann steigerst. Grundsätzlich gilt: Das stärkste Argument steht am Schluss der Erörterung, denn dieses wird zuletzt gelesen und bleibt im Gedächtnis. Das heißt für die Gliederung:

- Qualität vor Quantität: lieber wenige und dafür aussagekräftige und überzeugende Argumente als viele schwache Argumente
- Die Unterbegriffe werden nach ihrer Überzeugungskraft aufsteigend angeordnet.

Beispiel:
Ausschnitt aus einer Gliederung zum Thema: „Warum besuchen alljährlich zahlreiche Touristen die heimische Bergwelt? Zeige Möglichkeiten auf, die Berge zu schützen."

Verbalstil	Nominalstil
…	…
1 Gründe, die für einen Bergurlaub sprechen	1 Gründe für einen Bergurlaub
1.1 Die Berge dienen als Ort der Erholung.	1.1 Berge als Erholungsraum
1.1.1 Das Gebirgsklima wirkt sich positiv auf das Wohlbefinden aus.	1.1.1 Positive Wirkung des Gebirgsklimas
1.1.2 Der Gebirgsraum lässt noch ein „Naturerleben" zu.	1.1.2 Intakte Natur
1.2 In den Bergen lassen sich diverse Sportarten ausüben.	1.2 Berge als Sportstätte
…	…

1 Formuliere jeweils einmal entsprechend im Nominal- bzw. Verbalstil.

Nominalstil: Einkaufsgutscheine an der Kasse

Verbalstil: ______________________________

____

Nominalstil: ______________________________

____

Verbalstil: Die aktuellen Angebote finden Sie in unserem Werbeprospekt.

2 Hier stehen sich zwei Gliederungen zum Thema „Viele Jugendliche träumen davon, nach dem Schulabschluss ein Jahr im Ausland zu verbringen. Welche Argumente sprechen dafür? Welche Argumente sprechen dagegen?" gegenüber. Ergänze die Lücken.

Verbalstil	Nominalstil
A. Ein Auslandsjahr ist der Traum vieler Jugendlicher.	A Auslandsjahr als Traum vieler Jugendlicher
B. Welche Argumente ______________________________	B Argumente für und gegen ein Auslandsjahr nach dem Schulabschluss
I. Argumente, die ______________________________	1 ______________________________
1. ______________________________	1.1 Knüpfen neuer Kontakte
	1.1.1 ______________________________
a) Es entsteht enger Kontakt zur Gastfamilie.	1.1.2 Finden neuer Freunde

b) ______________________ ______________________ … 2. Neue Kenntnisse werden erworben. a) ______________________ ______________________ b) Eine neue Sprache kann erlernt werden. c) Die Kultur des Landes wird intensiv erfahren. 3. ______________________ a) ______________________ b) ______________________ II. Argumente, die ______________________ ______________________ 1. Die finanziellen Mittel fehlen. 2. Der Einstieg ins Berufsleben erfolgt später. 3. Bestehende Kontakte werden vernachlässigt. a) ______________________ b) Bestehende Freundschaften werden vernachlässigt. C. Ich plane, nach dem Realschulabschluss ein Jahr im Ausland zu verbringen.	1.2 ______________________ ______________________ 1.2.1 Erlernen einer neuen Sprache 1.2.2 ______________________ 1.2.3 ______________________ … 2 Argumente gegen ein Auslandsjahr nach dem Schulabschluss 2.1 ______________________ 2.2 ______________________ 2.3 ______________________ 2.3.1 Verlust des persönlichen Kontakts zur Familie 2.3.2 ______________________ ______________________ C ______________________ ______________________

3 Verfasse eine numerische Gliederung im Nominalstil zum Thema: „Erörtere, welche Gründe für ein nachhaltiges Verhalten der Menschen sprechen. Zeige zudem Maßnahmen auf, wie Nachhaltigkeit im Alltag umgesetzt werden kann.“

C 2.2 Zum Thema hinführen: Die Einleitung

Die Einleitung dient der **Hinführung** an das Thema der Fragestellung und soll zudem beim Leser **Interesse** wecken. Es gibt verschiedene Einleitungsvarianten:
- Stimme den Leser durch einen **geschichtlichen Rückblick** oder den **Vergleich mit der Vergangenheit** auf das Thema ein.
- Nimm Bezug auf **Statistiken** oder anderes **Zahlenmaterial**, das dir zum Thema bekannt ist oder dir vorliegt (siehe „Die Materialauswertung", Seite 29).
- Es ist auch möglich, mit der **Definition** oder **Erklärung** des **Schlüsselbegriffs** zu beginnen.
- Möglicherweise bietet es sich an, ein **Zitat**, eine **Redewendung** oder ein **Sprichwort**, das zum Thema passt, anzugeben.

Natürlich kannst du auch deine **eigenen Erfahrungen**, ein **persönliches Erlebnis** oder ein **aktuelles Ereignis** ansprechen.

Der Aufbau der Einleitung

Das Einleitungsschema ist dreiteilig:
- **Einleitungsgedanke:** Führe mittels einer passenden Einleitungsvariante zum Thema hin.
- **Überleitung:** Das ist der „Kitt" zwischen dem Einleitungsgedanken und der Themafrage. Es bieten sich dazu verschiedene sprachliche Wendungen an, die dir weiter unten vorgestellt werden.
- **Themafrage:** Hier wird die Themafrage wörtlich wiederholt oder umformuliert als **direkte** oder **indirekte** Frage gestellt. Achte dabei auf die korrekten Satzzeichen (Punkt oder Fragezeichen).

INFO

In der Einleitung dürfen keine Argumente vorweggenommen werden.

Beispiel: „Erörtere, welche Gründe für ein nachhaltiges Verhalten der Menschen sprechen. Zeige zudem Maßnahmen auf, wie Nachhaltigkeit im Alltag umgesetzt werden kann."

Mögliche Einleitung:

Der Begriff „Nachhaltigkeit" ist heute in aller Munde. Sowohl die Politik als auch viele Firmen rufen jeden Einzelnen immer wieder zu nachhaltigem Verhalten auf, um der zukünftigen Generation einen lebenswerten Planeten zu hinterlassen. Doch nur wenige wissen, dass der Begriff bereits aus dem Jahre 1987 stammt und bedeutet, dass es wichtig ist, die im Moment auftretenden Bedürfnisse so zu befriedigen, dass dies auch den nächsten Generationen noch möglich ist (vgl. M2). Aufgrund der großen Bedeutsamkeit soll daher erörtert werden, welche Gründe für ein nachhaltiges Verhalten von Menschen sprechen und durch welche Maßnahmen im Alltag Nachhaltigkeit umgesetzt werden kann.

Einleitungsgedanke

Überleitung

Themenfrage

1 Welche Einleitungsvariante wurde hier gewählt?

____

____

2 Welche weiteren Möglichkeiten für eine Einleitung gibt es?

____

____

3 Lies dir die folgende Einleitung genau durch. Begründe, warum diese nicht gut gelungen ist.

Die Anzahl der im Internet bestellten Waren ist in den letzten Jahren enorm gestiegen, nicht zuletzt durch riesige Onlinehändler, bei denen es fast nichts gibt, was nicht geliefert werden kann. Aber mit den Bestellungen erhöhen sich auch die Retouren, also die Produkte, die vom Verbraucher nicht benötigt und wieder an den Händler zurückgeschickt werden. Ein unvorstellbar großer Teil dieser Waren landet im Müll, wird also nicht wiederverwertet und könnte eigentlich auch gleich vom potenziellen Käufer vernichtet werden (vgl. Material 1). Dies ist alles andere als nachhaltiges Verhalten, das auf Kritik stößt und die Verbraucher nachdenklich werden lässt. So stellt sich die Frage, welche Gründe für ein nachhaltiges Verhalten sprechen und durch welche Maßnahmen Nachhaltigkeit im Alltag umgesetzt werden kann.

____

____

____

4 Verfasse nun mithilfe des Materials eine eigene Einleitung.

TIPP Formulierungshilfen

Die Überleitung ist hier das Bindeglied zwischen dem Einleitungsgedanken und der Themafrage. Hierfür bieten sich zahlreiche Wendungen an:

- *Im Folgenden soll daher erörtert werden …*
- *Deshalb stellt sich die Frage …*
- *In diesem Zusammenhang ist zu überlegen …*
- *Was liegt also näher, als die Frage zu stellen …*
- *Dabei ist vor allem die Frage bedeutend, warum …*
- *Angesichts dieser Tatsachen muss gefragt werden …*
- *Vor diesem Hintergrund drängt sich die Frage auf …*

5 Das folgende Schülerbeispiel zur Themafrage „Als Schüler einen Nebenjob ausüben: Welche Vor- und Nachteile bringt das mit sich?“ enthält bereits Gedanken, die erst im Hauptteil der Erörterung genannt werden dürfen. Streiche durch, was nicht in die Einleitung gehört.

Hinter dem Begriff „Nebenjob" versteckt sich weit mehr als nur der bei Schülern sehr beliebte Ferienjob. Ein Nebenjob wird regelmäßig auch während der Schulzeit ausgeübt und ist grundsätzlich laut Jugendschutzgesetz erst ab 15 Jahren erlaubt. Typische Schülernebenjobs, die auch viele meiner Klassenkameraden ausüben, sind Aushilfsarbeiten wie Regale auffüllen, Zeitungen und Prospekte verteilen, Rasenmähen oder Babysitten. Das Ausüben eines Nebenjobs bringt für den Schüler den Vorteil mit sich, dass er finanziell unabhängiger wird und sich dadurch Statussymbole wie ein angesagtes Handy oder Markenklamotten leisten kann. Das steigert sein Ansehen im Freundeskreis. Trotzdem wirkt sich ein Nebenjob für Schüler nicht nur positiv aus, weshalb sich die Frage stellt, welche Vor- und Nachteile ein Nebenjob mit sich bringt.

6 Auf Seite 34, Aufgabe 6, hast du dir zu selbst gesuchten Materialien zum Thema „Erörtern Sie, warum sich immer mehr Jugendliche gewalttätig verhalten und was dagegen unternommen werden kann" eine Stoffsammlung erstellt und ausgewertet.
Formuliere nun eine Einleitung zu diesem Thema. Diese sollte ca. 100 Wörter umfassen.

C 2.3 Argumente formulieren

Der Aufbau eines Arguments

Das „Herz" deiner Erörterung ist die Argumentation. Dabei ist es wichtig, deine Gedanken zur Themafrage überzeugend zu **begründen** und mittels passender Beispiele zu **veranschaulichen**. In Kapitel C 1 hast du bereits erfahren, dass das klassische Argument aus den **drei B** besteht (Seite 26). Bei der Aufsatzform Erörterung wird die Argumentation durch eine **Rückführung** sowie durch eine **Überleitung** erweitert. Ein Erörterungsargument besteht also aus folgenden Punkten:

- **Behauptung:** Aussage zur Themafrage
- **Begründung:** Erklärung dieser Aussage und Erläuterung von Zusammenhängen
- **Beispiel:** konkrete Beispiele zur Untermauerung der These, z. B. persönliche Erlebnisse
- **Rückführung:** bringt den Leser zurück zur Behauptung
- **Überleitung:** bereitet den Leser auf die nächste Behauptung vor

Deine Erörterung soll sprachlich **abwechslungsreich** und **flüssig** zu lesen sein. Statt die Argumente nur zusammenhanglos aneinanderzureihen, sollst du sie durch **Überleitungen** und **sprachliche Wendungen** verbinden.
Wie du bereits weißt, brauchst du in der Einleitung eine Überleitung zum Hauptteil. Weiter sind an folgenden Stellen Überleitungen sinnvoll:
- zwischen Argumenten
- innerhalb eines Arguments
- um den Hauptteil mit dem Schluss zu verbinden

TIPP
Achte darauf, dass der sprachliche Ausdruck abwechslungsreich und stimmig ist.

Diese Formulierungen bieten sich zwischen Argumenten an:

ein weiterer Gesichtspunkt ist – weitaus wichtiger ist – daneben sollte nicht vergessen werden – außerdem muss bedacht werden – zuletzt – nicht nur ..., sondern auch

Diese Formulierungen bieten sich innerhalb eines Arguments an:

weiterhin – hinzu kommt – sowohl ... als auch – darüber hinaus – zu bedenken ist auch – nicht nur ..., sondern auch – auch – aber auch – ebenso – ferner – neben – außerdem – daraus folgt – allerdings spricht dagegen, dass – das gilt auch für – zusätzlich – überdies – sodann – daraufhin

Diese Formulierungen bieten sich für die Rückführungen an:

Wie soeben dargestellt, trifft wohl ... Dies zeigt, dass ... Dieses Beispiel veranschaulicht deutlich, dass ...

1 Markiere im folgenden Argument dessen Bestandteile: Behauptung – Begründung – Beispiel – Überleitung – Rückführung.

Eine weitere Maßnahme, wie Nachhaltigkeit im Alltag umgesetzt werden kann, ist der bewusste Einkauf von Produkten im Internet.
Online hat man die Möglichkeit, viele verschiedene Waren zu bestellen. Da einem manchmal die Auswahl schwerfällt, ordert man mehrere Dinge, um dann das beste Produkt auszuwählen. Es kommt jedoch auch vor, dass das Gelieferte den eigenen Erwartungen nicht entspricht. Viele Firmen bieten den Service einer kostenlosen Retoure, sodass viele Waren unkompliziert zurückgeschickt werden können. Häufig ist dem Verbraucher jedoch nicht bewusst, dass viele der zurückgeschickten Waren vernichtet werden (vgl. M1), obwohl sie noch einwandfrei zu gebrauchen wären. Deswegen landen viele intakte Produkte auf dem Müll. Aufgrund dieser Tatsache ist eine Maßnahme beim Onlinehandel, dass man nur die Produkte bestellt, bei denen man sich sicher ist, dass man sie auch behalten möchte, da retounierte Ware – und somit wertvolle Ressourcen – vernichtet werden.

2 Wähle aus dem Material drei Behauptungen aus.

Behauptung 1	
Beispiele	
Behauptung 2	
Beispiele	
Behauptung 3	
Beispiele	

3 Setze geeignete Überleitungen ein und nutze dazu die passenden Wörter aus dem Wortfeld.

insofern – dadurch – dass – obwohl – sodass – nachdem – daneben – deshalb – zudem – damit – im Anschluss

__________ sollte nachhaltiges Verhalten vor allem __________ in den Köpfen der Menschen verankert werden, __________ ein Schutz für die Umwelt und Tiere gewährleistet werden kann (vgl. M5). __________ stetiges Wachstum unsere Wirtschaft antreibt, darf __________ nicht vergessen werden, __________ die Umwelt zu Schaden kommen kann. __________ ist es unerlässlich, die Endlichkeit natürlicher Lebensgrundlagen und zudem das Haben oder Nichthaben lebensnotwendiger Voraussetzungen im Auge zu behalten, __________ auch zukünftige Generationen überleben können. __________ nun ein wichtiger Grund für Umweltbewusstsein (vgl. M2) genannt wurde, soll __________ die ethische Verantwortung eine Rolle spielen.

4 Überarbeite dieses Argument. Möglicherweise musst du nicht nur die Fehler verbessern, sondern auch etwas ergänzen. Nutze dafür die Schreiblinien.

Eine andere Maßnahme ist die Einsparung von Verpackung. Im Supermarkt oder wenn man Ware online kauft, gibt es viel Plastik, damit die Ware geschützt wird. Es gibt auch Möglichkeiten, Sachen ohne Plastikverpackung mitzunehmen. Wenn ich zum Beispiel Äpfel an der Obsttheke mal nicht in eine Plastiktüte verpacke, sondern in ein wiederverwendbares Obstnetz, kann ich Plastik sparen. Viele Firmen wollen wie in Material 6 ökologisch nachhaltiger sein. Jeder kann also wirklich Plastik einsparen und so die Umwelt schützen, indem weniger Plastik in die Weltmeere gelangt.

5 Wähle ein weiteres Argument aus und formuliere es in deinem Heft aus.

C 2.4 Die Erörterung abrunden: Der Schlussteil

Der letzte Teil deiner Erörterung ist ebenso wichtig für den Gesamteindruck deines Aufsatzes wie die Einleitung und der Hauptteil und sollte daher genauso sorgfältig ausgearbeitet werden. Es gilt, sich an dieser Stelle nochmals zu konzentrieren, um die Erörterung gebührend abzurunden. So gestaltest du den Schluss:

- Verwende eine passende **Überleitung**, um den Hauptteil mit dem Schluss zu verknüpfen.
- Wie bei der Einleitung so gibt es auch beim Schluss verschiedene Varianten, z. B. die **Zusammenfassung** der wichtigsten Punkte, eine **Stellungnahme** zum Thema, einen Ausblick auf die Zukunft, das **Hervorheben des wichtigsten Arguments**, die **eigene Meinung** zum Thema, einen **geschichtlichen Rückblick**, ein **Zitat** oder das **Aussprechen eines Wunsches**.
- Achte darauf, dass im Schluss **keine neuen Argumente** angeführt werden.

TIPP Formulierungshilfen

Diese Formulierungen eignen sich für den Schlussgedanken:
- *Abschließend komme ich zu dem Ergebnis, …*
- *Daher komme ich zum Schluss, …*
- *Ich möchte hoffen, …*
- *Persönlich bin ich der Meinung, …*
- *Es steht zu befürchten, …*
- *Ich nehme an, …*
- *Für die Zukunft bleibt zu hoffen, …*
- *Meiner Ansicht nach …*

1 Lies dir diese Schlussvariante durch. Welche zwei Schlussgedanken werden hier miteinander verknüpft?

Das Thema Nachhaltigkeit ist eines der herausfordernsten Themen unserer Zeit. Es gibt eine Vielzahl an wichtigen Gründen, die dafürsprechen, dass nachhaltiges Handeln sehr wichtig ist. Eine große Anzahl an Maßnahmen ermöglicht es einem großen Personenkreis, sein Verhalten zu ändern. Bereits kleine Schritte können eine große Wirkung erzielen, wenn sich alle für den Erhalt einer lebenswerten Umwelt einsetzen. Ich selbst bemühe mich bereits sehr, auch einen Beitrag zu leisten. So nutze ich so oft wie möglich das Fahrrad, versuche, fair gehandelte Produkte einzukaufen, und verzichte immer häufiger auf den Konsum von Fleisch. Ich würde mir wünschen, dass viel mehr Menschen erkennen, dass der Umweltschutz uns alle angeht und dass auch kleine Verhaltensänderungen eine positive Wirkung entfalten können. Doch auch die Entscheidungsträger in Politik und Wirtschaft sollten verstärkt ihren Einfluss nutzen und nachhaltiges Verhalten in der Gesellschaft zu etablieren.

2 Bestimme die jeweilige Schlussvariante.

a) Bereits im Jahr 1987 (M2) haben sich Politiker und Wissenschaftler mit dem Thema Nachhaltigkeit und Umweltschutz der beschäftigt. Aus diesem Jahr stammt die offizielle Definition des Begriffs. Doch obwohl dies 35 Jahre her ist, ist dieses Thema immer noch aktuell. Die Zerstörung der Umwelt schreitet voran, weswegen es eine Vielzahl an Gründen gibt, sich über nachhaltiges Handeln Gedanken zu machen, sodass auch zukünftige Generationen die Möglichkeit haben, ihre Bedürfnisse befriedigen zu können. Da es eine Vielzahl an möglichen Maßnahmen gibt, können und müssen wir alle einen kleinen Beitrag für eine lebenswerte Umwelt leisten.

Schlussvariante: ______________________________

b) Im Vorangegangenen sollte deutlich geworden sein, dass der Hochleistungssport unterschiedlichste Risiken birgt. Vor allem die genannten gesundheitlichen Spätfolgen sind hier nochmals hervorzuheben, da sie meiner Meinung nach die größte Gefahr darstellen. Aus meiner eigenen Erfahrung im Bereich Tanzsport, den ich seit meinem fünften Lebensjahr betreibe, weiß ich, dass das harte Training und die strikt einzuhaltende Diät Körper und Geist sehr belasten. Daher bin ich der Überzeugung, dass Hochleistungssport mit Bedacht ausgeübt und nur unter Anleitung eines fachkundigen Trainers betrieben werden sollte.

Schlussvariante: ______________________________

c) Ob Gruppenzwang oder reine Neugier: Die Ursachen für den Drogenkonsum unter Jugendlichen sind, wie im Vorangegangenen festgestellt, vielfältig. Auch auf meinem Schulhof ist die Drogenthematik aufgrund der Nähe zur „Drogenküche Tschechien“ leider trauriger Alltag und man sieht viel zu viele Jugendliche in die Szene abrutschen. Es bleibt aber zu hoffen, dass sich vor allem durch die intensive Aufklärungsarbeit immer mehr Jugendliche der Gefahren bewusst werden, die von den Drogen ausgehen, und den Willen haben, ihnen zu widerstehen.

Schlussvariante: ______________________________

3 Formuliere nun einen eigenen Schluss.

D Der textgebundene Aufsatz (TGA)

Zu Beginn dieses Kapitels (D 1) werden grundsätzliche Fertigkeiten wiederholt und Informationen gegeben, die du zum Erstellen eines textgebundenen Aufsatzes benötigst. Wie du ja bestimmt weißt, setzt sich der textgebundene Aufsatz aus mehreren Einzelteilen zusammen. In D 2 bekommst du die Möglichkeit, alle Teilbereiche noch einmal Schritt für Schritt zu wiederholen und dein Wissen und Können zu festigen.

D 1 Grundlegendes

Aufbau eines textgebundenen Aufsatzes

Der textgebundene Aufsatz besteht wie jeder andere Aufsatz auch aus Einleitung, Hauptteil und Schluss. Der Hauptteil setzt sich aus den folgenden Teilen zusammen: Inhaltsangabe, Textsortenbestimmung, Sprachanalyse, Absicht des Autors und Zielgruppe, Personencharakteristik, Beschreibung des Textäußeren, eine Erörterungs- und eine kreative Produktionsaufgabe. Der Aufgabenstellung kannst du entnehmen, welche dieser Teilaufgaben du in der Abschlussprüfung bearbeiten musst. Halte dich beim Verfassen deines Aufsatzes strikt an die Reihenfolge der Aufgabenstellung.

Sachlicher Schreibstil

Bei einem textgebundenen Aufsatz handelt es sich um eine Aufsatzart, die in einem sachlichen Stil verfasst wird, weshalb du persönliche Wendungen vermeiden solltest. So solltest du anstelle der 1. Person immer die 3. Person wählen. Du schreibst beispielsweise anstatt „Mir fällt auf, dass in dem Text viele Fragesätze vorkommen." folgenden neutral formulierten Satz: „Der Text enthält viele Fragesätze." Eine Ausnahme für den sachlichen, objektiven Schreibstil ist der Schlussteil, in dem du deine Meinung zum Text darstellst. Hier lässt es sich natürlich nicht vermeiden, dass du Wörter wie „ich", „mir" oder „mein" verwendest.

1 Formuliere die folgenden Sätze in einen sachlichen Schreibstil um:

a) In der Reportage sehe ich drei Grafiken.

____

____

b) Mir fallen besonders viele wörtliche Reden auf.

____

____

____

c) Mir sticht ins Auge, dass die Überschrift fett gedruckt und unterstrichen ist.

____

____

____

d) An den folgenden Merkmalen kann ich erkennen, dass es sich um eine Reportage handelt.

____

____

____

Aussagen mit Textbeispielen stützen

Wie du bereits in Kapitel B 5 erfahren hast, musst du alle Aussagen, die du in deinem Aufsatz triffst, am Text belegen, d. h., dass du entweder wörtlich aus der Textvorlage zitierst oder einen Textverweis in Klammern angibst. Achte beim direkten Zitieren immer darauf, dass du den Wortlaut haargenau so wiedergibst, wie er in der Textquelle steht. Du solltest in fast allen Teilbereichen des textgebundenen Aufsatzes (außer in der Inhaltsangabe und bei der kreativen Produktionsaufgabe) auf den Text verweisen und deine Feststellungen mit Textbelegen untermauern.

D 2 Schritt für Schritt zum TGA

Bevor du mit dem Schreiben des Aufsatzes beginnst, ist es wichtig, dass du dir den Text mindestens zweimal konzentriert durchliest. Am besten notierst du dir gleich nach dem ersten Lesen deine Gedanken auf einem Konzeptblatt, so kannst du sichergehen, dass du gute Ideen nicht wieder vergisst, bis du die entsprechende Teilaufgabe bearbeitest. Am Textrand kannst du dir zudem Stichpunkte vermerken, so findest du während des Schreibens schneller Textbeispiele oder Textstellen wieder.

TIPP Farben verwenden

Markiere wichtige Wörter oder Textstellen farbig. Gewöhne dir an, für jeden Teilbereich eine andere Farbe zu verwenden (z. B. Inhalt = gelb, sprachliche Mittel = grün usw.), so behältst du beim Schreiben den Überblick.

Im Folgenden sind zwei Texte abgedruckt, auf die sich die Aufgaben dieses Kapitels beziehen. Am besten kopierst du dir die Textvorlagen, damit du nicht ständig zurückblättern musst. Bei den verschiedenen Aufgaben ist mit Abkürzungen angegeben, welchen Text du benötigst (T 1: „Instagram hat Maren magersüchtig gemacht – so hat sie sich befreit“, T 2: „Berlin, Gormannstraße“).

TEXT 1 **Instagram hat Maren magersüchtig gemacht – so hat sie sich befreit** *Jana Rudolf*

Maren steht in der Küche, jeder Handgriff wirkt ferngesteuert. Ihre Finger sind blau angelaufen – ihr Körper hat kaum noch Energie, um sich warm zu halten. Vor ihr steht die Küchenwaage, mit der sie alles abwiegt, was sie isst. Auch dann, wenn es bloß eine Himbeere ist. Ihre dürren Arme ragen unterm Pullover hervor, der lose an ihren knochigen Schultern hängt.

[...] Es ist eine Szene aus Marens Vergangenheit. Mit 15 erkrankte sie an Magersucht, ihr Alltag bestand aus Zwängen und Kontrolle. Die heute 19-Jährige ging schon immer offen mit ihrer Essstörung um – häufig startete sie Livestreams, in denen sie über ihre Krankheit sprach und in denen man ihr bei Szenen wie dieser zuschauen konnte. Anfangs wollte sie sich auf Instagram nur ein paar Ernährungstipps holen, bis sie auf die falschen Seiten stieß. Geblendet von den scheinbar perfekten Körpern scheinbar glücklicher Mädchen kopierte sie deren Essverhalten und rutschte in eine toxische Abwärtsspirale.

Wenn bestimmte Postings bei Instagram zum Auslöser von Anorexie – also Magersucht – werden, gibt es dafür einen Namen: Instarexie.

TEXT 1

„Das ist aber eher ein Modebegriff und kein anerkanntes Krankheitsbild im Essstörungsbereich", sagt Shirley Hartlage, die junge Menschen mit Essstörungen bei Waage e. V., einem Fachzentrum für Essstörungen in Hamburg, berät. [...]

„Instagram verändert unser inneres Bild und sagt uns, wie wir aussehen sollen: Wer schön und dünn ist, bekommt viele Likes", sagt Maya Götz, Medienwissenschaftlerin und Medienpädagogin.

[...] „Instagram kann bewirken, dass junge Nutzerinnen anfangen, ihren Körper perfektionieren und ihr Selbstwertgefühl aufwerten zu wollen", erklärt Expertin Hartlage. „Durch dieses Streben nach dem perfekten Körper kann sich eine noch größere Körperunzufriedenheit entwickeln, was wiederum auch ein Mitauslöser für eine Anorexie sein kann."

> **„Ich habe mich in meinem Körper total unwohl gefühlt. Als ich dann immer die Bilder von dünnen und schönen Mädchen sah, wollte ich auch einfach so aussehen wie sie – weil ich dachte, dass ich dann glücklicher bin."**
> *Maren*

Die Fotos haben Maren zur weiteren Gewichtsabnahme motiviert, sagt sie. Immer exzessiver habe sie sich mit ihrem Körper und ihrer Ernährung beschäftigt. Sie habe sich mit anderen Nutzern verglichen und angefangen, zwanghaft Sport zu treiben.

Medienwissenschaftlerin Götz hat sich mit der Bedeutung von Instagram bei der Entwicklung von Essstörungen in einer noch unveröffentlichten Studie befasst. (...) „Die Betroffenen gaben an, dass Influencer ihre Krankheit beeinflusst haben und Vorbilder zum Abnehmen waren", erklärt Götz. „Durch den ständigen Vergleich haben die Befragten ein überkritisches Verhältnis zum eigenen Körper entwickelt und sich daraufhin selbst als hässlich und dick wahrgenommen." [...]

Für Maren war Instagram in ihrer schlimmsten Zeit der letzte Kontakt zur Außenwelt. Von Freunden und der Familie isolierte sie sich. Für die Schule hatte sie ein Attest, weil ihr Körper zu schwach war. Als Ärzte eine ambulante Therapie für gesundheitlich nicht mehr ausreichend befanden, wurde sie in eine Klinik eingewiesen. [...]

Während ihres stationären Klinikaufenthalts verzichtete Maren eine Zeit lang auf Instagram. Damit sie gesund werden konnte, ohne permanent durch die App getriggert zu werden.

Viele junge Frauen, die sich bei Waage e. V. Hilfe suchen, legen zur Genesung eine Pause auf Instagram ein. „In diesen Fällen ist es wichtig, eine Alternative im realen Leben außerhalb der App zu finden. Die Betroffenen sollen wieder anfangen, echte Konktakte aufzubauen, sich unabhängiger vom ständigen

TEXT 1

Vergleich zu machen und ein gesundes Selbstbewusstsein zu entwickeln", erklärt Hartlage.

Erst, als Maren sich stabil genug fühlte und aus der Klinik entlassen wurde, kehrte sie auf Instagram zurück. Sie wollte es zu einem positiveren Ort für sich machen und entfolgte allen Accounts, die sie früher triggerten. Sie erstellte einen „Recovery-Account" – einen Account, mit dem sie sich gemeinsam mit anderen Betroffenen zur Genesung motivieren wollte. [...]

„In dieser Zeit habe ich sehr liebe Menschen kennengelernt und wir haben uns gegenseitig auch stark unterstützt", erzählt sie. Trotzdem hatte sie sich das zu einfach vorgestellt. „Dann habe ich gemerkt, dass diese Accounts auch stark darauf aufbauen, sich gegenseitig fertigzumachen." Viele Nutzerinnen und Nutzer, die einen Recovery-Account führten, steckten selbst noch tief in der Krankheit. Sie versteckten sich hinter dem vermeintlichen Wunsch nach Genesung und hielten in Wirklichkeit an der Essstörung fest.

> **Es ging nur noch darum, wer am schnellsten wieder abnimmt und wer die meisten Kalorien verbrennt.**
> *Maren*

Diese Dynamik ist toxisch, findet auch Expertin Götz. Sie sagt: Die Gesellschaft muss die Individualität von Körpern wieder mehr wertschätzen: „Wir brauchen Influencer wie Fine Bauer, die zeigen: Oh, ich darf auch einen Bauch haben und sehe trotzdem wunderschön aus", so die Medienpädagogin. [...]

Maren hat ihren Körper wieder lieben gelernt. Das ist nicht immer leicht. Vor allem, wenn Maren Nachrichten bekommt, in denen steht: „Du bist so fett geworden!" Früher war das ein Anlass für sie zu hungern – heute kann sie Kommentare wie diese ignorieren. Zumindest sagt sie das.
[...]

Quelle: Jana Rudolf: Instagram hat Maren magersüchtig gemacht – so hat sie sich befreit.
Aus: DER SPIEGEL, Jana Rudolf, 29.07.2019. Online unter: https://www.spiegel.de/panorama/instagram-und-magersucht-wie-marens-anorexie-durch-instagram-schlimmer-wurde-a-aca8e535-3544-4df9-b313-9160b2b91eba (zuletzt aufgerufen am 21.03.2022)

TEXT 2 Berlin, Gormannstraße *Kurt Bartsch (1937–2010)*

Lucie Mannheimer wohnt in der Gormannstraße. Einmal, als wir im Regen die Straße entlanggehn, sehen wir einen großen, etwa zwölfjährigen Jungen. Er verlässt den Bürgersteig, wartet mit scheuen Augen, bis wir vorbei sind, setzt seinen Weg an der Hauswand fort. Er hat Angst. Warum hat er Angst, frage ich meine Mutter. Sie antwortet: Er ist Jude. Woran erkennt man, dass einer Jude ist, frage ich, als wir den engen, lichtlosen Hof überqueren.
Einen Juden erkennt man daran, dass er einen gelben Stern trägt, sagt meine Mutter. Tante Lucie ist also auch Jude, denke ich. Aber sie hat keine Angst, wenn wir kommen. Warum hat sie keine Angst, frage ich.
Wer, fragt meine Mutter. Lucie, sage ich. Warum hat sie keine Angst, wenn wir kommen? Meine Mutter schweigt. Ich sei noch ein Kind, ich könne das nicht verstehen, sagt sie, als ich sie auf der Treppe noch einmal frage.
Wir klopfen, hören drin eine Tür gehen. Stille. Wir warten.
Mach auf, Lucie. Wir sind es, sagt meine Mutter.
Die Tür öffnet sich einen Spalt, ich kann Lucies schmales, blasses Gesicht sehen. Sie ist krank, sie braucht viel zu essen, sagt meine Mutter immer, wenn wir ihr Brot, einen Topf Suppe bringen. Der Topf, in Zeitungspapier gewickelt, wird auf den Küchentisch gestellt, die beiden Frauen, Freundinnen, tauschen zwei, drei Sätze, flüsternd, als wären sie nicht allein in der Wohnung. Im Korridor, wo Lucies Mantel mit dem gelben Stern hängt, umarmen sie sich. Wir gehen die Treppe hinunter, über den engen, lichtlosen Hof, die Angst löst sich in mir. Ich möchte kein Jude werden, sage ich, als wir im Regen die Straße entlanggehen.
Zwei Wochen später, es ist Sommer, der Himmel ist blau über der Stadt, stehen wir wieder vor Lucies Tür. Wir klopfen, aber es rührt sich nichts in der Wohnung.
Wo wolln Sie denn hin, fragt ein Mann, der die Treppe heraufkommt.
Zu Lucie Mannheimer, sagt meine Mutter.
Die wohnt nicht mehr hier, sagt der Mann. Die Juden sind gestern abgeholt worden. Die sind jetzt da, wo sie hingehören.
Er lacht, streckt den Arm aus: Heil Hitler!
Wir gehen schweigend die Treppe hinunter.
Wo gehören die Juden denn hin, frage ich. Ich weiß nicht, sagt meine Mutter. Sie weint.
Jetzt hast du die Suppe umsonst hergetragen, sage ich. Es gibt Schlimmeres, sagt meine Mutter.

Quelle: Kurt Bartsch: Berlin, Gormannstraße. Aus: Ders.: Kaderakte. Reinbek: Rowohlt Verlag 1979

Informationen zum Autor:
Kurt Bartsch wurde 1937 geboren und wuchs in der DDR auf, arbeitete in verschiedenen Berufen, bevor er in Leipzig am Institut für Literatur ein Studium begann, welches er jedoch nicht abschloss. Anfang der 1960er-Jahre begann er mit der Veröffentlichung seiner oft systemkritischen Texte. Seinen Band „Kaderakte“ mit radikalen politischen Texten durfte Bartsch in der DDR nicht veröffentlichen. Nachdem er einen Protestbrief an Erich Honecker mitunterzeichnete, wurde er aus dem Schriftstellerverband der DDR ausgeschlossen und ging 1980 nach Westberlin. Er arbeitete fortan als Lyriker, Dramatiker und Prosaschriftsteller und erhielt als Drehbuchautor den Deutschen Fernsehpreis und den Bambi. 2010 starb Bartsch in Berlin.

D 2.1 Zum Thema hinführen: Die Einleitung

Die Einleitung eines textgebundenen Aufsatzes ist zumeist kurz und immer gleich aufgebaut. Sie dient dazu, das Interesse des Lesers zu wecken und sollte folgende Informationen enthalten:
- Titel des Textes (in Anführungszeichen)
- Autor (evtl. mit näheren Informationen)
- Quelle, Erscheinungsort und -jahr
- Textsorte
- Kerninhalt

INFO zum Kerninhalt

Der Kerninhalt, der nicht länger als zwei Sätze sein sollte, steht immer am Ende der Einleitung und nennt das Thema bzw. die grobe Handlung des Textes.

Bei manchen Texten sind einige Lebensdaten des Verfassers genannt, die du in deine Einleitung integrieren solltest. Achte dabei allerdings darauf, dass du die Informationen nicht wörtlich übernimmst, sondern verwende eigene Formulierungen.

1 In der folgenden Einleitung haben sich Fehler eingeschlichen. Markiere diese im Text und schreibe deine Kritikpunkte stichpunktartig auf. (T 1)

Der Text handelt von einer jungen Frau namens Maren, die durch Instagram magersüchtig geworden ist, da sie sich sehr schlanke Menschen zum Vorbild genommen und diesen nachgeeifert hat. Der vorliegende Bericht, der von Jana Rudolf verfasst wurde, erschien im Jahr 2019 in „Der Spiegel".

TIPP Formulierungshilfen

Folgende Wendungen können dir beim Einstieg helfen.
- *Der Text handelt von ...*
- *In dem Text geht es um ...*
- *Die Kurzgeschichte „...", die von ... verfasst wurde, erschien ...*

2 Kreuze den geeigneten Kernsatz an und verfasse anschließend eine vollständige Einleitung zu der Kurzgeschichte (T2).

Die Geschichte handelt von ...
- ☐ ... einer Frau, die ihrer Freundin etwas zu essen bringen möchte, doch sie trifft sie in deren Wohnung nicht an, weil sie abgeholt wurde.
- ☐ ... einem Kind, das während des Dritten Reiches aufwächst und die Judenverfolgung nicht versteht.
- ☐ ... der Judenverfolgung zur Zeit des Dritten Reiches, die anhand eines Einzelschicksals, das ein unbedarftes Kind schildert, beschrieben wird.
- ☐ ... einer Frau, die zur Zeit der Judenverfolgung im Dritten Reich eine jüdische Bekannte besucht.

D 2.2 Inhalte zusammenfassen

Bei der Inhaltszusammenfassung sollst du kurz den Inhalt des Textes wiedergeben, ohne dabei Details oder Einzelheiten zu nennen. Achte jedoch darauf, dass trotz aller Kürze die Handlung des Textes bzw. der Sachverhalt verständlich ist, auch für einen Leser, der den Originaltext nicht kennt.
Um den Inhalt eines Textes korrekt wiederzugeben, ist es wichtig, dass man auch die Aussage des Textes berücksichtigt und sie dem Aufsatzleser vermittelt. Der Autor kann das Geschehen bzw. die Informationen auf drei verschiedene Arten darstellen, nämlich neutral, positiv oder negativ. Um dies zu erkennen, ist es notwendig, dass du zwischen den Zeilen liest und direkte oder indirekte Hinweise verstehst. Indirekte Hinweise kann beispielsweise die sprachliche Gestaltung (Ironie, Hyperbeln usw.) geben. Bei direkten äußert der Verfasser ganz unverblümt, was er meint (z. B. Die Handlung, Vorgehensweise usw. ist gut bzw. schlecht.). Neutral ist ein Text dann, wenn es sich um eine ganz sachliche Wiedergabe eines Geschehens oder von Informationen handelt. Berücksichtige dies bei deiner Inhaltszusammenfassung und lasse deine Ergebnisse dort einfließen. Bei der Beschreibung der Autorintention (siehe Kapitel D 2.6, Seite 75 f.) wirst du dann ganz explizit auf die Textaussage eingehen.

INFO zu den Sinnabschnitten

Ein Sinnabschnitt ist ein inhaltlich abgeschlossener Teil einer Handlung, der meist aus einem oder mehreren Absätzen besteht. In literarischen Texten erkennst du einen neuen Sinnabschnitt daran, dass sich z. B. die Handlung ändert (z. B. weil eine Entscheidung gefällt wird oder etwas Einschneidendes geschieht), der Handlungsort wechselt oder eine neue Person eingeführt wird. Bei Sachtexten enthalten neue Sinnabschnitte neue Sachverhalte wie etwa eine Verdeutlichung durch Beispiele oder die Wiedergabe einer Expertenmeinung. Bei der Einteilung der Sinnabschnitte kannst du dich häufig an der optischen Gliederung des Textes orientieren, da mit einem neuen Absatz oft ein neuer Sinnabschnitt beginnt. Manchmal musst du allerdings einen längeren Absatz in mehrere Sinnabschnitte untergliedern oder mehrere, kleine Absätze zu einem Sinnabschnitt zusammenfassen. Häufig gibt es bei der Einteilung eines Textes in Sinnabschnitte unterschiedliche Lösungsmöglichkeiten. Wichtig ist dabei, dass du begründen kannst, weshalb du den Text derart gegliedert hast.

Arbeitsschritte

- Lies den Text konzentriert durch.
- Markiere dir die wichtigsten Informationen farbig (Hauptpersonen, Handlungsort und -zeit, wichtige Handlungsschritte und Informationen).
- Kennzeichne die Sinnabschnitte und notiere dir am Rand oder auf einem Notizblatt stichpunktartig, worum es in dem Abschnitt geht.
- Beginne deine Inhaltszusammenfassung damit, dass du kurz die W-Fragen klärst, damit der Leser die handelnden Personen kennt und Zusammenhänge verstehen kann.
- Erstelle anschließend deine Inhaltszusammenfassung.
- Kontrolliere am Schluss, ob du alle Handlungsschritte bedacht hast, ob deine Handlung verständlich aufgebaut ist und Zusammenhänge deutlich werden.

Regeln

Damit deine Inhaltsangabe gelingt, solltest du folgende Regeln beachten:
- **Informiere knapp** über Handlungsverläufe und verzichte auf unnötige Details. Versuche nach Möglichkeit, die einzelnen Sinnabschnitte in ein bis zwei Sätzen zusammenzufassen.
- Halte den **zeitlichen Ablauf** und die Reihenfolge der Handlung ein.
- Verfasse deine Inhaltsangabe im **Präsens**. Wenn du etwas erklären möchtest, was vor dem Zeitpunkt des Geschehens stattgefunden hat, benutze das Perfekt, z. B. so: Nachdem er seine Mutter *besucht hat* (Perfekt), *geht* (Präsens) er in das Einkaufszentrum.

- Verwende **eigene Worte** und achte darauf, dass du keine Wendungen aus der Textvorlage übernimmst.
- Benutze eine **sachliche Wortwahl** und vermeide spannungssteigernde Wörter oder ausdrucksstarke, schildernde Adjektive wie *kreidebleich* (anstatt: *blass*) oder *zu Tode betrübt* (anstatt: *traurig*).
- Verwende **keine wörtliche Rede**, sondern gib wichtige Aussagen in der indirekten Rede wieder. Benutze hierfür den Konjunktiv.
- Verwende **keine Zitate** und gib keine Textstellen an. (Ausnahme siehe strukturierte Inhaltsangabe)

1 In die folgende Kriterienliste für eine gelungene Inhaltsangabe haben sich Fehler eingeschlichen. Kreuze die zutreffenden Merkmale an.

	trifft zu	**trifft nicht zu**
a) Schreibe im Präsens.	☐	☐
b) Fasse die wichtigsten Handlungsschritte zusammen.	☐	☐
c) Gib wörtliche Rede als indirekte Rede im Konjunktiv wieder.	☐	☐
d) Erzähle ausführlich und lasse nichts aus.	☐	☐
e) Belege wichtige Stellen mit Zitaten am Text.	☐	☐
f) Verwende einen sachlichen, neutralen Schreibstil.	☐	☐
g) Bleibe möglichst nah am Wortlaut des Textes, damit du den Inhalt nicht verfälschst.	☐	☐
h) Halte den zeitlichen Ablauf der Handlung ein.	☐	☐

Die indirekte Rede im Konjunktiv

In der Inhaltsangabe darfst du **keine wörtliche Rede** benutzen, stattdessen gibst du Gesagtes in der **indirekten Rede** wieder. Die Verbform, die wir normalerweise verwenden, heißt Indikativ (Wirklichkeitsform), für die indirekte Rede hingegen benutzen wir meist den Konjunktiv I (Möglichkeitsform). Wenn der Konjunktiv I mit dem Indikativ identisch ist, verwendet man den Konjunktiv II.

INFO Bildung Konjunktiv I

Verbstamm des Infinitivs + Personalendung, z. B. ich geh**e**, du geh**est**, er/sie/es geh**e**, wir geh**en**, ihr geh**et**, sie geh**en**

Beispiel:
Peter sagt über seine Freunde: „Sie ***gehen*** häufig ins Jugendzentrum.“ (Indikativ)
Peter sagt, dass sie häufig ins Jugendzentrum ***gehen***. (Konjunktiv I)
→ Indikativ = Konjunktiv I
→ Peter sagt, dass sie häufig ins Jugendzentrum ***gingen***. (Konjunktiv II)

Achte bei der indirekten Rede darauf, dass du eigene Formulierungen findest und die Textstellen nicht wörtlich übernimmst. Gebe Gesagtes sinngemäß wieder, wobei stets erkennbar sein muss, von wem die Äußerung stammt. Fasse längere Gespräche kurz zusammen, es ist nicht notwendig, dass du einen Gesprächsverlauf in allen Einzelheiten wiederholst. Das Ergebnis des Gesagten ist ausschlaggebend.

2 Ergänze die fehlenden Konjunktivformen in der Tabelle. Nutze ggf. den Infokasten auf Seite 54.

Indikativ	Konjunktiv I	Konjunktiv II
er bekommt	*er bekomme*	*er bekäme*
du siehst		
sie gehen		
ihr riecht		
sie fühlt		
er springt		

INFO Bildung Konjunktiv II

Verbstamm im Präteritum + Umlautbildung [kommen → k**a**m → k**ä**me] + Personalendung,
z. B. ich äß**e**, du äß**est**, er/sie/es äß**e**, wir äß**en**, ihr äß**et**, sie äß**en**

Manchmal hört sich der Konjunktiv II etwas eigenartig oder altertümlich an, dann kannst du auch die **Umschreibung mit „würde"** verwenden, z. B.: Ich würde essen.

3 Formuliere die folgenden Sätze in die indirekte Rede um.

Markus, ein 14-jähriger Realschüler, der von einer Gruppe Jugendlicher verprügelt wurde, berichtet: „Seit diesem Übergriff fürchte ich mich, wenn ich alleine unterwegs bin." Der Sozialarbeiter seiner Schule rät ihm daraufhin: „Versuche, selbstbewusst zu wirken und die Angreifer zu ignorieren, dann verlieren sie häufig die Lust an Pöbeleien."

____

____

____

____

____

____

____

Die einfache Inhaltszusammenfassung

Eine einfache Inhaltszusammenfassung musst du vorwiegend bei literarischen Texten erstellen. Hier fasst du lediglich die **wichtigsten Handlungsschritte** zusammen, ohne genauer auf die Sinnabschnitte oder den Aufbau des Textes einzugehen. Die folgenden Aufgaben beziehen sich auf T 2.

4 Kreuze an, welche der folgenden Aussagen für das Verständnis der Kurzgeschichte (T 2) wichtig sind.

a) ☐ Ein Kind begleitet seine Mutter mehrmals zu ihrer jüdischen Freundin Lucie Mannheimer, um ihr etwas zu essen zu bringen.
b) ☐ Der Ich-Erzähler sieht auf dem Weg dorthin einen verängstigten jüdischen Jungen und kann dessen Verhalten nicht einordnen.
c) ☐ Als die Mutter und das Kind bei der Freundin ankommen und ihr das Essen bringen, öffnet die Freundin nur sehr zögerlich und ängstlich die Tür.
d) ☐ Die beiden Freundinnen wagen es nicht, laut miteinander zu sprechen, und unterhalten sich nur im Flüsterton.
e) ☐ Als die Mutter und das Kind Lucie Mannheimer verlassen haben, meint das Kind, es wolle kein Jude werden.
f) ☐ Zwei Wochen später möchte die Frau ihre jüdische Freundin wieder mit Essen versorgen, allerdings öffnet diese nicht, als sie an der Tür klopft.

TIPP Formulierungshilfen

Nutze Verknüpfungswörter wie diese:
zu Beginn, zunächst, anfangs, im Anschluss daran, daraufhin, anschließend, danach, während, nachdem, im Folgenden, zum Schluss, zuletzt, abschließend …
da, weil, deshalb, infolgedessen, wenn, obwohl, denn, wenngleich …

g) ☐ Ein Mann, der gerade die Treppe heraufkommt, fragt, zu wem die beiden denn wollten.
h) ☐ Sie erfahren, dass die Juden am Vortag deportiert wurden.
i) ☐ Der Mann befürwortet den Abtransport der jüdischen Bevölkerung und fügt hinzu, dass die Juden nun dort seien, wo sie hingehörten.
j) ☐ Die Mutter und das Kind verlassen schweigend das Haus.
k) ☐ Die Mutter scheint das Schicksal ihrer Freundin zu kennen und weint. Das Kind versteht die Bedeutung des Gesagten und das Ausmaß des Geschehens nicht.
l) ☐ Das Kind meint abschließend, dass die Mutter die Suppe nun ganz umsonst getragen habe, woraufhin diese entgegnet, es gebe Schlimmeres.

5 Eine Abschlussschülerin hat bereits eine Inhaltszusammenfassung der Kurzgeschichte (T 2) verfasst, wobei ihm einige Fehler unterlaufen sind. Markiere mit einem farbigen Stift die Fehler am Rand des folgenden Textes. Verwende hierzu die angegebenen Korrekturkürzel. Gib bei inhaltlichen Fehlern zusätzlich an, was dem Verfasser nicht gelungen ist (z. B. zu ungenau, zu detailliert, nicht korrekt).

I = Inhalt, T = Zeitstufe, Sb = Satzbau, Gr = Grammatik,
A = Ausdruck, Wh = Wortwiederholung

TIPP

In manchen Sinnabschnitten geschieht nur sehr wenig. In einem solchen Fall kannst du auch zwei Abschnitte in einem Satz zusammenfassen. Ist der Text jedoch handlungsreich, benötigst du vielleicht auch einmal mehrere Sätze für einen Sinnabschnitt.

Die Kurzgeschichte handelt von einem kleinen Jungen, der seine Mutter mehrfach zu ihrer jüdischen Freundin Lucie Mannheimer begleitet, um ihr etwas zu essen zu bringen. Eines Tages beobachtet das Kind einen großen, etwa zwölfjährigen Jungen, der scheue, ängstliche Augen hat. Die Mutter erklärt ihrem Nachwuchs die Reaktion des Jungen damit, dass dieser ein Jude sei, die Bedeutung dessen kann das Kind jedoch nicht verstehen. Als sie bei Lucie Mannheimer ankommen, ist auch ihr die blanke Angst ins Gesicht geschrieben. Trotzdem freut sie sich sehr über den Besuch der Freunde. Zwei Wochen später machten sich die beiden an einem sonnigen Tag bei strahlend blauem Himmel wieder auf den Weg zu Lucie Mannheimer, um sie mit Nahrung zu versorgen. Aber sie öffnet die Tür nicht. Ein Mann kommt die Treppe rauf und sagt zu ihnen: „Die wohnt nicht mehr hier." Die Mutter erfährt von ihm, dass man die Juden am Vortag abgeholt hatte. Dann zeigt er Heil Hitler und lacht. Die Geschichte endet damit, dass das Kind sagt, die Mutter hat die Suppe nun ganz umsonst hergetragen, woraufhin sie sagt, dass es Schlimmeres gibt.

6 Verfasse nun mithilfe der Angaben aus der Aufgabe 4 eine Inhaltszusammenfassung von T 2. Formuliere dazu die Sätze um, verbinde sie durch Konjunktionen miteinander und vermeide Wortwiederholungen.

____

____

____

____

____

____

Die strukturierte Inhaltszusammenfassung

Bei dieser Art der Inhaltszusammenfassung, welche häufig bei journalistischen Texten gefordert wird, gehst du neben dem Inhalt des Textes auch auf die **Gliederung in Sinnabschnitte sowie deren Funktion** ein. Achte bei der Aufgabenstellung darauf, ob nach dem Aufbau des Textes gefragt ist. Wenn dies der Fall ist, musst du eine strukturierte Inhaltszusammenfassung schreiben. Eine mögliche Aufgabenstellung könnte folgendermaßen lauten:
„Fassen Sie den Text so zusammen, dass der Textaufbau erkennbar wird."

Vorgehensweise

- Zeilenangabe des Sinnabschnittes anführen
- Inhalt zusammenfassen
- Funktion des Abschnittes angeben bzw. verdeutlichen, weshalb es sich um einen neuen Sinnabschnitt handelt

Mögliche Funktionen der Sinnabschnitte

- zum Thema hinführen
- einen Überblick verschaffen
- Expertenmeinungen, Information vermitteln
- Sachverhalte genauer erklären
- mit Beispielen untermauern
- einen Wendepunkt beinhalten
- die Meinung des Autors verdeutlichen
- ein Fazit ziehen
- einen Ausblick geben
- einen Appell an den Leser richten

7 Gliedere den Text „Instagram hat Maren magersüchtig gemacht" (T 1) in Sinnabschnitte und notiere dir stichpunktartig am Rand, worum es in dem Sinnabschnitt geht und welche Aufgabe dieser hat.

TIPP Formulierungshilfen

Wenn du etwas zu den Sinnabschnitten schreibst, kannst du z. B. folgende Wendungen nutzen:

- *Zu Beginn informiert der Autor den Leser über ...*
- *Im ersten Sinnabschnitt wird der Leser über ... informiert.*
- *Im Anschluss daran / Anschließend berichtet/erklärt/schildert der Reporter ...*
- *Der nächste Sinnabschnitt handelt von ...*
- *In den Zeilen ... bis ... erfährt der Leser ...*
- *Im folgenden Sinnabschnitt (Z. ... – ...) geht es um ...*
- *Der folgende Abschnitt verdeutlicht ...*
- *Abschließend / Im letzten Sinnabschnitt wird folgendes Fazit gezogen ...*

8 Schreibe auf einem gesonderten Blatt die angefangene Inhaltszusammenfassung von T 1 zu Ende.

Die Reportage, die sich in neun Sinnabschnitte untergliedern lässt, beginnt mit einem szenischen Einstieg (Z. 1 – 5), in welchem die Verfasserin Jana Rudolf durch die Zoomtechnik zum Thema „Magersucht" hinführt. Hier schildert die Autorin, wie Maren, ein an Magersucht erkranktes Mädchen, sich eine Mahlzeit zubereitet. Im darauffolgenden Sinnabschnitt (Z. 6 – 14) werden die Hintergründe des ersten Sinnabschnittes, der einen Rückblick in Marens Vergangenheit darstellt, erklärt und der Beginn ihres Krankheitsverlaufes erläutert, der seinen Ursprung in dem sozialen Netzwerk Instagram hat. In den Zeilen 15 bis 28 ...

LÖSUNGSHILFE zu **7** und **8**

Mögliche Untergliederung in Sinnabschnitte (T 1)

Z. 1 – 5	Z. 50 – 58
Z. 6 – 14	Z. 59 – 73
Z. 15 – 28	Z. 74 – 78
Z. 38 – 44	Z. 79 – 83
Z. 45 – 49	

Ironische Texte verstehen

Ironie ist ein sprachliches Mittel, mit dem etwas anderes ausgedrückt wird als das Gesagte. Die Aufgabe des Lesers besteht darin, zu erkennen und zu verstehen, dass zwischen dem Gesagten und dem Gemeinten ein Widerspruch besteht. Im Alltag erkennt man ironische Äußerungen meist leicht, da sich der Tonfall sowie Mimik und Gestik des Sprechers ändern. Stell dir einmal folgende Situation vor: Du bist in einem Schnellimbiss beim Essen, eine nicht sehr appetitlich aussehende Mahlzeit wird dir serviert und deine Begleitung verzieht das Gesicht und meint: „Mhmm, das sieht aber lecker aus!“ In einem derartigen Fall ist es für dich vermutlich selbstverständlich, dass sie das Gegenteil aussagen möchte. In einem Text fehlen dir Mimik, Gestik und die Intonation, weshalb du überlegen musst, wie das Gesagte gemeint sein könnte.

TIPP Ironie als Stilmittel

Im Kapitel D 2.4, Seite 66, wird beschrieben, woran du das Stilmittel der Ironie noch erkennen kannst.

Es gibt jedoch einige Merkmale, an denen du ironische Äußerungen erkennen kannst. Achte insgesamt darauf, ob die Aussagen zu der allgemeinen Stimmung und zu den im Text getroffenen Äußerungen passen. Ergeben sich hier Widersprüche, ist dies häufig ein Hinweis auf eine ironische Textstelle. Ist ein Text ironisch geschrieben, musst du bei der Inhaltszusammenfassung den Text „übersetzen“, um den Inhalt richtig zu vermitteln. Du schreibst in einem derartigen Fall beispielsweise nicht, dass die Person findet, dass das Essen in dem Schnellimbiss unglaublich lecker aussieht, sondern dass die Abneigung gegenüber der Mahlzeit auf ironische Weise dargestellt wird.

Enthält ein Text ironische Elemente, so wird sich dies durch deinen gesamten Aufsatz ziehen, also wundere dich nicht, wenn du diesen Sachverhalt mehrmals erwähnst und hab in diesem Fall keine Angst davor, dich zu wiederholen. Wie schon gesagt, wirst du in der Inhaltsangabe kurz erklären, wenn eine Textstelle ironisch ist bzw. was der Verfasser mit dem Gesagten ausdrücken möchte. Zudem ist Ironie ein Textsortenmerkmal der Glosse oder der Satire, weshalb du es bei derartigen Texten auch in der Textsortenbestimmung erwähnen musst.
Da Ironie ebenfalls ein Stilmittel ist oder durch andere rhetorische Mittel (siehe Kapitel D 2.4) ausgedrückt wird, musst du auch in der sprachlichen Analyse genau darauf eingehen. Nicht zuletzt beeinflusst Ironie auch die Autorintention, da der Verfasser mit dem Einsatz ein bestimmtes Ziel verfolgt und etwas beim Leser bewirken möchte. Von daher ist es wichtig, dass du ironische Stellen richtig deutest, da sich ansonsten Fehler in mehrere Bereiche deines Aufsatzes einschleichen können.

D 2.3 Die Textsorte bestimmen

Texte lassen sich in literarische und sachliche Texte untergliedern. Bei **Sachtexten** wird über eine reale Begebenheit berichtet, sie wollen informieren. Meist geht man dabei von der Allgemeingültigkeit einer Sachlage aus. Die Darstellung eines Einzelfalles dient in der Regel dazu, Aussagen zu veranschaulichen und zu unterstreichen. Eine Ausnahme davon bilden Artikel in Zeitungen und Zeitschriften, welche oft über aktuelle Geschehnisse berichten. Bedenke, dass auch Sachtexte nicht immer neutral geschrieben sein müssen, sondern die Meinung des Verfassers beinhalten können.

INFO Prüfungsrelevante Textsorten

Folgende Textsorten werden häufig in der Abschlussprüfung verwendet:
- Kurzgeschichte
- Satire
- Reportage
- Bericht
- Glosse
- Kommentar

Literarische Texte stellen ein fiktives Geschehen dar, also etwas, was erfunden ist. Sie dienen vorwiegend zur Unterhaltung oder Belehrung des Lesers. Literarische Texte lassen sich in lyrische, dramatische und epische Texte untergliedern, wobei für die Abschlussprüfung vor allem die epischen Texte von Bedeutung sind.

Nahezu bei jedem textgebundenen Aufsatz wird verlangt, dass du den Text einer Textsorte zuordnest und deine Entscheidung genau begründest. Hierbei nennst du verschiedene **Merkmale der Textsorte** aus den Bereichen Inhalt, Layout und Sprache und belegst diese mit **Textbeispielen**. Achte darauf, dass du deine Textsortenbestimmung gut strukturierst und nicht die Merkmale aus verschiedenen Bereichen vermischst. Gehe beispielsweise zuerst auf den Inhalt und den Aufbau des Textes ein, äußere dich anschließend zur Sprache und nenne am Ende Textsortenmerkmale, die das Textäußere betreffen.
Denke daran, dass nicht immer alle Merkmale einer Textsorte in einem Text enthalten sein müssen.
Auf die Wirkung, die der Verfasser mit dem Einsatz verschiedener Mittel erreichen möchte, gehst du bei einer Textsortenbestimmung nicht ein.

Hin und wieder wird in der Abschlussprüfung gefordert, dass du bei der Textsortenbestimmung auch auf das Textäußere eingehen sollst. In diesem Fall beschreibst du hier ganz genau die Elemente, die für die Textsorte wichtig sind.

1 Wie sicher beherrschst du die Textsorten? Bei der folgenden Aufgabe sind die Merkmale verschiedener Textsorten durcheinandergeraten. Ordne sie den unterschiedlichen Textsorten zu, indem du die jeweiligen Buchstaben auf die dazugehörigen Zeilen schreibst. Es ist auch möglich, dass ein Merkmal mehreren Textsorten zugeordnet werden kann.

TIPP Übersicht der Textsortenmerkmale

Im Glossar (Seite 108 f.) findest du einen Überblick über die Merkmale der wichtigsten Textsorten. Diese Übersicht kannst du sehr gut zur Vorbereitung auf die Abschlussprüfung verwenden.

KG = Kurzgeschichte, S = Satire, R = Reportage, B = Bericht, G = Glosse, K = Kommentar

a: ____________ offener Schluss
b: ____________ Überschrift informiert sachlich.
c: ____________ erscheinen häufig in einer Zeitung immer an der gleichen Stelle
d: ____________ persönlich-schildernde und sachlich-informierende Darstellungsweise wechselnd
e: ____________ Schwächen oder Fehler werden in stark übertriebener Form dargestellt.
f: ____________ unerwartete, überraschende Wende
g: ____________ keine wertenden Äußerungen durch den Autor, sachliche Darstellung
h: ____________ Name des Autors wird angegeben.
i: ____________ fett gedruckter Vorspann, der über die wichtigsten W-Fragen informiert

j: ____________ Zum Schluss wird meist ein Wunsch oder ein Ausblick formuliert.
k: ____________ Wiederholungen, Aufzählungen, Umgangs- und Jugendsprache
l: ____________ beginnt meist realistisch und schweift ins Unrealistische ab
m: ____________ Überschrift weckt Neugier.
n: ____________ Meinungsäußerungen des Autors
o: ____________ Aktuelle Themen oder neue gesellschaftliche Erscheinungen werden verspottet.
p: ____________ Ironie als wichtiges Stilmittel
q: ____________ Alltägliche Person ist einem Problem ausgesetzt.
r: ____________ Erklärende Bilder unterstützen den Inhalt des Textes.

TIPP Formulierungshilfen

Bei der Textsortenbestimmung können dir diese Formulierungen helfen:
- *Anhand der folgenden Merkmale kann man erkennen, dass der vorliegende Text ein/eine ... ist.*
- *Zudem lässt ... auf die Textsorte schließen.*
- *Ein weiteres Textsortenmerkmal ist ...*
- *Des Weiteren enthält der Text ..., was ebenfalls für die Textsorte spricht.*
- *Aufgrund der genannten Merkmale kann der Text eindeutig der Textsorte ... zugeordnet werden.*

2 Im Folgenden findest du unterschiedliche Textsortenmerkmale der Kurzgeschichte. Kreuze an, welche Merkmale die Kurzgeschichte von Kurt Bartsch (T 2) enthält, und notiere auf den Linien dazu passende Textbeispiele mit Zeilenangabe.

☐ unvermittelter Einstieg ____________________

____

☐ keine genauen Angaben zu Ort und Zeit des Geschehens ____________________

____

☐ Alltagsgeschehen ____________________

____

☐ keine genauen Angaben zu den handelnden Personen ____________________

____

☐ Hauptperson ist einem Konflikt / einer kritischen Situation ausgesetzt ____________________

____

☐ unerwarteter Wendepunkt / unerwartete Pointe ____________________

____

☐ offener Schluss ____________________

____

☐ einfache Alltags- und Umgangssprache ____________________

____

☐ wörtliche Rede ____________________

____

3 Ergänze die fehlenden Angaben in der Textsortenbestimmung zu T 2.

Bei dem vorliegenden Text handelt es sich um eine Kurzgeschichte, was man bereits an dem geringen Umfang von knapp einer Seite erkennen kann und daran, dass sich die Geschichte innerhalb eines kurzen Handlungszeitraumes zuträgt, da lediglich zwei kurze Szenen in einem Abstand von zwei Wochen erzählt werden (Z. 23). Zudem steigt der Verfasser ____________________, indem dargestellt wird, wie das Kind einen verängstigten jüdischen Jungen beobachtet (Z. 1 – 6). Es werden keine exakten Angaben zu den Personen, den genaueren Umständen oder zur ____________________ des Geschehens gemacht. Lediglich der Name der jüdischen Freundin, „Lucie Mannheimer“ (__________), und dass diese in der Gormannstraße lebt (Z. 1), wird erwähnt. Des Weiteren werden auch die Hauptpersonen, Lucie Mannheimer, die Mutter und der Ich-Erzähler, nicht eingehend vorgestellt oder beschrieben. Man erfährt nur, dass Lucie ____________________ (Z. 8). Außerdem spricht für die Textsorte, dass die Protagonisten ____________________ und gewöhnliche Personen sind, die ____________________ ausgesetzt sind. So ist sowohl die Angst der Mutter, als sie ihrer Freundin die Suppe bringt, als auch die Furcht von Lucie Mannheimer zu spüren (__________). Ein weiteres Kennzeichen der Kurzgeschichte ist die ____________________ (Z. 23 – 30), als die jüdische Frau bei einem Besuch die Tür nicht öffnet und die Mutter des Ich-Erzählers erfährt, dass die Freundin deportiert wurde. Darüber hinaus hat der Text ein offenes Ende, da man nicht erfährt, ____________________ oder was aus der Mutter und ihrem Kind wird. Der Text endet mit der banalen Aussage des Ich-Erzählers, dass die Mutter die Suppe nun umsonst hergebracht habe, worauf diese entgegnet, dass es Schlimmeres gebe, was auf das Schicksal ihrer Freundin und das der gesamten jüdischen Bevölkerung hinweist (Z. 34 f.). Abschließend kann man die Textsorte auch an der sprachlichen Gestaltung erkennen, da mehrmals ____________________ (Z. 4 ff., Z. 7, Z. 9 usw.) benutzt wurden und Kurt Bartsch einfache Alltagssprache mit vereinzelt umgangssprachlichen Ausdrücken verwendet, wie zum Beispiel: „Wo wolln Sie denn hin, fragt ein Mann, der die Treppe heraufkommt.“ (__________) Aufgrund der beschriebenen Merkmale kann der Text „Berlin, Gormannstraße“ eindeutig der Textsorte ____________________ zugeordnet werden.

4 Unterstreiche Textsortenmerkmale mit einer durchgehenden Linie, die Textbelege mit einer gestrichelten Linie und sämtliche Überleitungen oder Verknüpfungen mit einer wellenförmigen Linie.

5 Im Folgenden findest du einige Textsortenmerkmale der Reportage „Instagram hat Maren magersüchtig gemacht“ (T 1). Suche im Text dazu passende Stellen und gib die Zeilenangaben auf den Linien an.

a) Anfang, der den Leser ein Geschehen miterleben lässt ____________________ (Zoomtechnik)

b) Verwendung unterschiedlicher Zeitstufen (Welche Zeitstufe wird wofür verwendet?): ____________________

____

c) Wiedergabe von Aussagen verschiedener Personen, was auf eine Recherche vor Ort schließen lässt: wörtliche Zitate: ____________________, indirekte Wiedergabe des Gesagten:

____

6 Findest du noch weitere Merkmale einer Reportage, die auf den vorliegenden Text zutreffen?

7 Verfasse nun mithilfe der Ergebnisse von Aufgabe 5 und 6 auf einem gesonderten Blatt selbst eine Textsortenbestimmung zu T 1.

D 2.4 Die Sprache analysieren

Der Autor verwendet in vielen Fällen absichtlich sprachliche Besonderheiten, um die Textaussage zu unterstreichen oder um eine bestimmte Wirkung zu erzielen. Deshalb wird in der Abschlussprüfung in den meisten Fällen gefordert, die sprachliche Gestaltung des Textes zu untersuchen. Hierbei musst du auf den Satzbau, die Wortwahl, die Sprachebene sowie die rhetorischen Mittel eingehen.
Achte bei der Aufgabenstellung genau darauf, was verlangt wird. Wenn nach den sprachlichen Auffälligkeiten gefragt ist, musst du nur die wirklich außergewöhnlichen sprachlichen Mittel beschreiben. Auf alle Gebiete musst du eingehen, wenn allgemein nach der sprachlichen Gestaltung des Textes gefragt wird.

TIPP

Mithilfe der sprachlichen Analyse kannst du Rückschlüsse auf andere Bereiche deines Aufsatzes ziehen, beispielsweise auf die Textsorte, die Zielgruppe, die Intention des Autors oder die Charaktereigenschaften der einzelnen Figuren.

Arbeitsschritte

- Markiere dir im Text farbig, was dir beim Lesen auffällt und mache dir am Rand dazu stichpunktartige Notizen.
- Sortiere auf einem Notizblatt die gefundenen Textstellen den verschiedenen Bereichen zu. Dies kannst du, wenn du möchtest, auch schon durch unterschiedliche Farben beim Unterstreichen im Text tun.
- Überlege, was der Autor mit der Verwendung bezwecken könnte und notiere deine Gedanken auf dem Notizblatt. Hierbei ist es wichtig, dass du die Wirkung immer auf den Textinhalt, also die genaue Textstelle, beziehst und nicht verallgemeinernd schreibst. Das folgende Beispiel zeigt dir den Unterschied:

nicht: Die Aufzählung „in ihm kochte, brodelte und tobte es" (Z. 7) soll die Situation veranschaulichen.

besser: Die Aufzählung „in ihm kochte, brodelte und tobte es" (Z. 7) soll die Wut und die emotionale Anspannung der Hauptfigur veranschaulichen, da er sich von seinem besten Freund hintergangen fühlt.

INFO

Beim Verfassen der sprachlichen Analyse ist es wichtig, dass du dich immer an den folgenden **Dreischritt** hältst:
- Besonderheit nennen
- Textbeispiel(e) geben
- Wirkung beschreiben

Wie du bestimmt bemerkt hast, nimmt das zweite Beispiel genau Bezug auf den Inhalt des Textes und erklärt die Situation. Schreibe also nicht einfach, dass „etwas" verdeutlicht wird, sondern erkläre ganz genau, welche Situation, welches Gefühl oder welcher Sachverhalt durch ein sprachliches Mittel veranschaulicht wird,
- Die Reihenfolge, in welcher du die sprachlichen Besonderheiten beschreibst, ist nicht vorgegeben. Achte jedoch darauf, dass du die Gebiete strukturiert nacheinander abarbeitest.
- Kontrolliere beim Verfassen deiner sprachlichen Analyse, ob du immer den Dreischritt eingehalten hast und vergiss nicht, deine Ausführungen durch passende Überleitungen miteinander zu verbinden. Hierbei können dir die Formulierungshilfen nützlich sein.

TIPP Formulierungshilfen

Hier findest du einige Vorschläge für geeignete Überleitungen:
- *Bei der sprachlichen Analyse des Textes fällt zunächst auf, dass …*
- *Betrachtet man den Text im Hinblick auf seine sprachlichen Mittel, wird deutlich, dass …*
- *Weiterhin findet man im Text …*
- *Um den Sachverhalt … zu verdeutlichen, enthält der Text …*
- *Um … zu zeigen, verwendet der Autor des Weiteren …*
- *Zudem weist der Text … auf.*
- *Besonders fallen … auf, wodurch der Autor verdeutlichen will, dass …*
- *Auffällig an der Sprache des Textes ist …*

Wortwahl

In diesem Bereich musst du die Auffälligkeiten, welche die einzelnen Wörter betreffen, untersuchen. Das können beispielsweise Nomen sein, die sich einem bestimmten Themengebiet (z. B. Medien) zuordnen lassen, oder besonders ausdrucksstarke Verben (z. B. *schlendern* statt *langsam gehen*, *wispern* statt *leise sprechen*) oder Adjektive (z. B. *riesengroß* statt *groß*, *bitterkalt* statt *kalt*). Es kann jedoch auch sein, dass der Autor absichtlich eine ganz harte, unverblümte, nüchterne Sprache ohne Ausschmückungen benutzt, auch das musst du natürlich erläutern. Wichtig ist in jedem Fall, dass du genau darauf achtest, was für **Wörter oder Wortarten** verwendet werden und was an ihnen auffällig ist. Einfach nur zu sagen, dass der Text Nomen, Verben und Adjektive enthält, genügt nicht, schließlich kommen diese in jedem Text vor. Erkläre, was daran besonders ist.

Natürlich ist es auch eine Auffälligkeit, wenn ein Verfasser in seinem Text gar keine Adjektive benutzt, auch das musst du erwähnen. In diesem Fall könnte er damit beispielsweise bezwecken wollen, dass sein Text gefühlsarm, kühl und vollkommen neutral wirken soll.
Bei der Untersuchung der Wortwahl musst du auch darauf achten, ob ein Text **Fremdwörter oder Fachbegriffe** enthält, ob sich diese einem bestimmten Bereich zuordnen lassen und was diese bewirken könnten. Auch der **Klang der Wörter** kann besonders sein. Untersuche, ob eine Häufung bestimmter Vokale oder Konsonanten ins Auge sticht. Es gibt Wörter, die aufgrund ihrer Konsonanten außerordentlich hart und kühl klingen (z. B. f, p, k, t, ck, z ...), andere wiederum hören sich weich an (z. B. v, b, g, d, n, m ...). Des Weiteren gibt es helle Vokale (e, i), die einen Text fröhlich und freundlich erscheinen lassen. Vokale wie a, o, u hingegen gelten als dunkel und lassen einen Text eher düster und traurig wirken. Achte auf eine Häufung dieser Buchstaben und überprüfe, ob sie zum Textinhalt passen, ihn unterstreichen oder diesem vielleicht widersprechen und somit auf einen Missstand aufmerksam machen.
Unbedingt solltest du auf **Wiederholungen** einzelner Wörter, von Satzteilen oder von ganzen Sätzen achten. Hierdurch möchte der Verfasser den Blick des Lesers bewusst auf etwas lenken. Es gibt unterschiedliche Arten von Wiederholungen, welche du bei den Stilmitteln (Glossar, Seite 110 f.) finden kannst.

INFO Fremdwörter und Fachbegriffe

Fremdwörter haben ihren Ursprung in einer Fremdsprache und stammen nicht aus dem Deutschen.
Fachbegriffe sind Bezeichnungen für Vorgänge oder Dinge eines bestimmten Fachgebietes, die man verwendet, wenn man sich darin gut auskennt.
Häufig sind Fachbegriffe auch Fremdwörter, sie können allerdings auch deutsche Begriffe sein.

Mögliche Orientierungspunkte
- ungewöhnlich klingende Wörter
- Häufung bestimmter Wörter oder einer bestimmten Wortart
- Verwendung von Fachbegriffen oder Fremdwörtern
- sprachliche Besonderheiten in der Überschrift
- nüchterne oder ausgeschmückte Sprache
- häufige Wiederholung bestimmter Wörter
- Klang der Wörter

1 In der Kurzgeschichte (T 2) finden sich nur wenige anschauliche Adjektive bzw. Partizipien.

a) Finde drei ausdrucksstarke Adjektive oder Partizipien.

Adjektive/Partizipien:

______________________ (Z. ____), ______________________ (Z. ____), ______________________ (Z. ____)

b) Bei Aufgabe a) hast du vielleicht auch das Beispiel aus Zeile 6 der Kurzgeschichte gewählt, das sicherlich nicht zufällig in der Zeile 21 wiederholt wird. Kurt Bartsch verwendet nur wenige Adjektive und gerade deshalb sollte man sich diese Textpassagen ganz genau ansehen. Er setzt die anschaulichen Wörter sehr bewusst ein, um dadurch beim Leser eine bestimmte Wirkung zu erzielen. Kreuze an, weshalb der Autor in der Zeile 6 und 21 die Adjektive verwendet.

☐ Der Hof wird von Kurt Bartsch besonders genau beschrieben, damit der Leser sich gut in die Situation hineinversetzen kann.

☐ Der Autor verdeutlicht mit den Adjektiven die bedrückende, angstvolle Stimmung, die nicht nur der Hof, sondern auch die Situation bei der jüdischen Freundin bei dem Kind auslösen. Es spürt unterbewusst, dass auch die Erwachsenen Angst haben. Seine Furcht verstärkt sich beim Betreten und löst sich erst wieder beim Verlassen des Hofes.

☐ Durch die Adjektive soll gezeigt werden, in welchen tristen Wohnverhältnissen die Juden zur damaligen Zeit lebten.

2 Auch die Wortwahl von Jana Rudolf (T 1) weist einige Besonderheiten auf. Bearbeite die folgenden Aufgaben hierzu.

a) Die Autorin verwendet mehrfach Fremdwörter und Fachbegriffe, die man zwei unterschiedlichen Bereichen zuordnen kann. Schreibe die übergeordneten Fachgebiete in die obere, hellblau hinterlegte Zeile der Tabelle. Sollte dir kein Fachbereich einfallen, kannst du die Lösungshilfe nutzen.

b) Finde nun im Text Beispiele für Fachbegriffe und ordne diese in die entsprechende Spalte ein. Notiere hinter den Textbeispielen die entsprechende Zeilenangabe.

c) Vermerke hinter den Textbeispielen, ob es sich bei dem von dir notierten Fachbegriff auch um ein Fremdwort (FW) handelt.

LÖSUNGSHILFE zu **2** a)

Mögliche Kategorien für Fremdwörter und Fachbegriffe:
Technik, Freizeit, Wirtschaft, Mode, neue Medien, Geografie, Hygiene, Handwerk, Medizin und Gesundheit, Kosmetik, Sport ...

„Livestream", Z. 9 (FW)	*„Magersucht", Z. 7*
______	______
______	______
______	______
______	______
______	______

d) Überlege, was die Verwendung der Begriffe beim Leser bewirken könnte und weshalb die Autorin auf diese Wortwahl zurückgreift.

______

______

______

e) Formuliere nun deine Ergebnisse aus den Aufgaben a) bis d) aus. Du musst hierbei natürlich nicht alle von dir gefundenen Textbeispiele nennen.

Sprachebene

Sprachebenen sind Varianten einer Sprache, welche sich durch den Wortschatz und die Satzstrukturen ergeben. Wenn du die Wortwahl der Autorin / des Autors genau betrachtest, kannst du die Sprachebene eines Textes erkennen. Hierdurch kannst du oft Rückschlüsse auf die Zielgruppe ziehen, da ein Text immer für eine bestimmte Lesergruppe geschrieben ist und sich dem jeweiligen Sprachstil anpasst. Manchmal enthält ein Text mehrere Sprachebenen. Folgende Sprachebenen solltest du kennen:

- **Standardsprache oder Hochsprache:** Dieser Sprachstil ist eine allgemein verständliche und verbindliche Sprachform, welche in literarischen und sachlichen Texten sowie im gesellschaftlichen Leben verwendet wird. Erkennbar ist diese Variante durch einen anspruchsvollen Wortschatz und einen komplexen Satzbau.
- **Alltagssprache oder Umgangssprache:** Diese Sprachvariante wird im Alltag beispielsweise in Unterhaltungen benutzt. Eine einfachere Wortwahl sowie kurze Sätze oder Satzreihen kennzeichnen diese Sprachebene. Bei dieser Sprachebene kann man häufig Rückschlüsse auf die Zielgruppe ziehen, da sie gerne eingesetzt wird, um Menschen aller Altersklassen in Alltagssituationen anzusprechen.
- **Dialekt:** Der Dialekt ist regional bestimmt und unterscheidet sich in der Wortwahl, der Aussprache und der Grammatik von der Standardsprache.
- **Soziolekt:** Dies ist eine Sprachform, die eine bestimmte gesellschaftliche Gruppe nutzt. Hierzu gehört beispielsweise die Jugendsprache, aber auch unterschiedliche Fachsprachen wie die Computersprache oder die Sportsprache. Aussagen über die Zielgruppe eines Textes lassen sich mithilfe dieser Sprachebene relativ eindeutig treffen.

Sprachebene/ Wortwahl	Mögliche Wirkung
Standardsprache	wirkt sachlich, allgemein verständlich
Alltags- bzw. Umgangssprache	erzeugt Realitätsnähe, spricht breite Leserschaft an
Dialekt	zeigt Zugehörigkeit zu einer bestimmten Region, spricht Personen aus dem Gebiet an, Erzeugung eines Zusammengehörigkeitsgefühls, schafft Alltagsnähe, kann verwendet werden, um sich über gewisse regionale Eigenheiten lustig zu machen
Jugendsprache	an Jugendliche gerichtet oder informiert über Jugendliche, häufige Verwendung bei direkten Aussagen von Jugendlichen
Fachsprache	an Personen gerichtet, die sich in einem Fachgebiet besonders auskennen, zeigt Kompetenz des Verfassers auf dem Fachgebiet

3 Häufig werden in Texten unterschiedliche Sprachebenen verwendet. Ordne die im Wortspeicher (unten auf der Seite) abgedruckten Wörter einer bestimmten Sprachebene oder Wortwahl zu. Schreibe sie hierfür in die Tabelle. Mehrfachzuordnungen sind möglich.

Sprachebene/ Wortwahl	**Beispiele**
Standardsprache	*Kommentar*
Alltags- bzw. Umgangssprache	
Dialekt	
Jugendsprache	
Fachsprache	*Anorexie*
Fremdwörter	

Anorexie – no front – Kommentar – Schluck aus der Pulle – a bisserl Spaß
Altersstruktur – boomen – Sondereinsatzkommando – toxisch – lost – Digga
Essstörung – Mädels und Jungs – Selbstbewusstsein – Kumpels – Eigenverantwortung
eins auf den Deckel bekommen – alkoholisiert – Recovery-Account

Um die Wirkung der Wortwahl oder Sprachebene herauszufinden, solltest du dir ähnliche Fragen wie in Aufgabe 2 und 3 stellen. Bestimmt gelingt es dir dann, eine zutreffende Wirkung der sprachlichen Elemente zu erkennen. Oftmals sind hier auch mehrere Lösungen möglich. Du solltest deine Einschätzung jedoch immer begründen und auf den genauen textlichen Hintergrund achten.

Rhetorische Mittel

Es gibt eine Vielzahl von rhetorischen Mitteln, welche auch Stilmittel genannt werden. Eine Auswahl davon solltest du kennen und vor allem erkennen können.

TIPP Übersicht über die rhetorischen Mittel

Im Glossar (Seite 110 f.) findest du eine Übersicht über wichtige rhetorische Mittel, die du für die Abschlussprüfung lernen solltest.

Ironie als Stilmittel

Wie du bereits im Kapitel D 2.2 erfahren hast, ist es nicht immer einfach, Ironie zu erkennen. Einige Hinweise auf ironisch gemeinte Textstellen kannst du bei der sprachlichen Gestaltung finden. Ironische Widersprüche werden häufig durch **Neologismen** (Wortneuschöpfungen), ungewöhnliche Wörter und Wortverbindungen, **Fremdwörter** oder **Hyperbeln** (starke Übertreibungen) ausgedrückt.

Wirkung

Oftmals will der Verfasser mit seiner ironischen Bemerkung etwas ins Lächerliche ziehen oder verspotten. Zudem möchte er Kritik üben sowie zum Nachdenken anregen und nicht zuletzt wird der Leser durch einen lustigen, ironischen Text natürlich auch unterhalten.

4 Ergänze in der Tabelle die Bezeichnung des jeweiligen sprachlichen Mittels sowie ein passendes Beispiel aus dem Wortspeicher (Seite 67). Solltest du bei den Bezeichnungen noch nicht so sicher sein, kannst du die Lösungshilfe verwenden, aber versuche es doch erst einmal alleine!

Bezeichnung	Erklärung	Beispiel
Parenthese	Einschub	*Ich möchte dir – ich fasse mich kurz – von gestern berichten.*
	Vermenschlichung von Begriffen oder Gegenständen	
	Verknüpfung zweier Begriffe mit wie	
	Bildung neuer Wörter	
	gleicher Anfangslaut bei mehreren Wörtern	
	positive Umschreibung unangenehmer Dinge	
	deutliche Unter- oder Übertreibung	

	unvollständiger Satz durch Auslassen von Satzteilen	
	gleiches Wort zu Beginn mehrerer Sätze	
	Gegenüberstellung zweier Wörter oder Satzteile, die sich im Sinn widersprechen	
	Frage, auf die keine Antwort erwartet wird	
	Wiederholung ganzer Sätze oder von Satzstrukturen	
	bildhafter Ausdruck mit übertragener Bedeutung (verkürzter Vergleich)	
	stufenweise Steigerung	
	Behauptung, deren Gegenteil gemeint ist	

Beispiele

Himmel und Hölle
Das lerne ich in 100 Jahren nicht.
Heiß ist die Liebe, kalt ist der Schnee.
Eigenkapitalist
die Hölle des Krieges
Das ist ja eine schöne Bescherung!
mit Kind und Kegel
Die Nacht schwingt ihre Fahn'.
rot wie eine Tomate sein
Er kam, sah und siegte.
entschlafen (anstatt: sterben)
je schneller, desto besser
Wasser trinke ich. Wasser ist das Leben.
Was glaubst du, wer du bist?

LÖSUNGSHILFE zu 4

Bezeichnungen: rhetorische Frage – Ellipse – Alliteration – Hyperbel – Parallelismus – Neologismus – Klimax – Anapher – Metapher – Personifikation – Ironie – Vergleich – Euphemismus – Antithese

5 In der Kurzgeschichte „Berlin, Gormannstraße" kannst du nur wenige rhetorische Mittel finden.

a) Ordne die Stilmittel den Textbeispielen und Wirkungen richtig zu, indem du die Buchstaben-Ziffern-Kombinationen auf die Zeile unter der Tabelle notierst.

Stilmittel	Textbeispiel	Wirkung
A: Anapher	a: „[...] als wären sie nicht allein in der Wohnung" (Z. 19)	1: Dieses Mittel macht deutlich, wie schwer es der Mutter fällt, für ihr Kind eine plausible Erklärung für die nicht erklärbare Judenverfolgung zu finden.
B: Vergleich	b: „Warum hat er Angst, frage ich meine Mutter. Sie antwortet: Er ist Jude. Woran erkennt man, dass er Jude ist, frage ich [...]." (Z. 4 ff.)	2: Durch die Wiederholung des Demonstrativpronomens wirkt die Aussage abwertend und die Verachtung der Juden wird verdeutlicht.
C: Wörtliche Rede	c: „Die wohnt nicht mehr hier, sagt der Mann. Die Juden sind gestern abgeholt worden. Die sind jetzt da, wo sie hingehören." (Z. 28 f.)	3: Hierdurch veranschaulicht der Verfasser die Angst der beiden Frauen, belauscht oder entdeckt zu werden. Sie sind sich der Gefahr bewusst.

____

b) Finde eine weitere Anapher im Text und versuche, ihre Wirkung zu beschreiben.

____

____

____

____

____

____

____

TIPP

Manchmal meint man bei der sprachlichen Analyse, ein Text hätte keine besonders auffälligen sprachlichen Mittel. Ein Text mit wenigen Stilmitteln oder mit einem einfachen, wenig abwechslungsreichen Stil wurde vom Autor absichtlich so konstruiert. Deshalb ist es bei einer solch schlichten Ausdrucksweise wichtig, genau hinzusehen und darüber nachzudenken, weshalb der Verfasser diesen Stil gewählt hat.

c) Kurt Bartsch verwendet eine einfache, wenig ausgeschmückte Ausdrucksweise: Mehrfach fallen Wiederholungen derselben Wörter auf. Es gibt zwei Nomen und zwei Verben, die oft in der Kurzgeschichte vorkommen. Suche sie heraus und notiere dir die Zeilenangaben.

1. Nomen: ______________________________

2. Verben: ______________________________

d) Kreuze an, welche Wirkung durch die Wiederholungen aus Aufgabe c) erzeugt werden könnte.

1. Nomen

☐ Durch die Wiederholung wird die Herkunft Lucie Mannheimers und ihre Gefühlslage betont.
☐ Die Wiederholung der beiden Begriffe zeigt, wie stark das Kind die Thematik beschäftigt und belastet.
☐ Die Begriffe stellen die zentrale Thematik des Textes dar. Durch die Wiederholung beider Worte wird hervorgehoben, dass diese zur Zeit des Dritten Reiches untrennbar miteinander verbunden waren.

2. Verben

☐ Die Begriffe veranschaulichen die Dialoge und Gespräche zwischen der Mutter und dem Kind.
☐ Die Wiederholung der beiden Worte zeigt einerseits, wie sehr das Kind die Thematik beschäftigt, und andererseits verdeutlicht die einfache Wortwahl die kindliche Perspektive des Ich-Erzählers.
☐ Durch die einfache Wortwahl und die Wiederholungen zeigt Kurt Bartsch, dass ihm angesichts der schrecklichen Taten des Dritten Reiches die Worte fehlen.

e) In den Zeilen 18 und 19 befindet sich die Alliteration „Frauen, Freundinnen [...] flüsternd [...]“.
Versuche nun selbst, die Wirkung dieses Stilmittels zu finden.

Satzbau

Bei der Untersuchung des Satzbaus musst du sowohl auf die Satzarten als auch auf den Satzbau achten.

Satzarten

Ein Text besteht in der Regel überwiegend aus Aussagesätzen. Achte deshalb gezielt auf die anderen Satzarten, da diese etwas Besonderes sind. Auffällig ist beispielsweise, wenn eine Satzart, z. B. ein Ausrufesatz, nur einmal im Text vorkommt. Diese Stelle solltest du dir dann genauer ansehen, da ihr vermutlich eine herausragende Bedeutung zukommt. Eine sprachliche Besonderheit wäre es allerdings auch, wenn eine Satzart, wie beispielsweise der Fragesatz, sehr häufig verwendet wird. Auch das musst du in deiner Sprachanalyse nennen und erklären, weshalb der Autor die Satzart so oft verwendet.

Im Folgenden werden die unterschiedlichen Satzarten sowie mögliche Wirkungen genannt. Allerdings musst du die Wirkung immer speziell auf den Text beziehen, weshalb dies nur Vorschläge sind, die nicht in jedem Fall zutreffen.

Satzart	Mögliche Wirkung
Aussagesatz	Beschreibung von Sachverhalten, Feststellungen, Betonung der Sachlichkeit (häufig in Berichten)
Fragesatz	weckt Interesse, bezieht Leser ein, Anregung zum Nachdenken (nicht bei wörtlicher Rede), macht Text lebendiger durch ein Gespräch
Ausrufesatz	gibt einem Wunsch oder einer Aussage besonderen Nachdruck, zeigt Verwunderung, Entsetzen oder emotionale Aufgewühltheit (häufig in gefühlsbetonten Texten)
Befehlssatz	zeigt eine Rangordnung an, befehlend, betont gefühlsmäßige Beteiligung des Sprechers

Satzbau

Untersuche beim Satzbau, wie die Sätze genau gebildet sind, d. h., ob es sich um Satzreihen oder Satzgefüge handelt. Eine Satzreihe besteht aus aneinandergereihten Hauptsätzen, was man parataktischer Satzbau oder **Parataxe** nennt. In einem parataktischen Satz werden die Hauptsätze durch Kommas oder durch Konjunktionen (z. B. und, oder) voneinander abgetrennt. Wenn Haupt- und Nebensätze miteinander verflochten sind, nennt man das Satzgefüge oder auch **Hypotaxe** (hypotaktischer Satzbau). In einem Satzgefüge werden der Nebensatz oder die Nebensätze durch ein Komma und häufig zusätzlich durch eine Konjunktion vom Hauptsatz abgetrennt. Achte bei der Untersuchung des Satzbaus darauf, ob er gleichbleibend parataktisch oder hypotaktisch aufgebaut ist oder ob sich an bestimmten Stellen Satzkonstruktionen häufen. Falls Letzteres der Fall ist, solltest du dir diese Textstellen genau ansehen und überlegen, was dort inhaltlich behandelt wird und worauf der Autor vielleicht das Augenmerk lenken möchte.

Die folgende Tabelle gibt dir Hinweise auf eine mögliche Wirkung, allerdings musst du diese auch wieder genau auf den Text und dessen Inhalt beziehen. Wie du vielleicht feststellen kannst, sind die unterschiedlichen Wirkweisen teilweise sogar widersprüchlich.

INFO Haupt- und Nebensätze

Beim **Hauptsatz** steht das Prädikat (das gebeugte Verb) im Aussagesatz an zweiter Satzgliedstelle. Beim **Nebensatz** steht das Prädikat an letzter Satzgliedstelle. Er wird häufig durch eine Konjunktion oder ein Relativpronomen eingeleitet.

Satzbau	Mögliche Wirkung
Satzreihe	eintönig, kühl, nüchtern, emotional aufgebracht, beruhigend, bedrückend, gefühlsarm, leicht verständlich, Ansprechen einer breiten Leserschaft
Satzgefüge	melodisch, unruhig, ungeduldig, harmonisch, anspruchsvoll, abwechslungsreich, für gehobene Leserschaft bestimmt

TIPP

Beschreibe zuerst ganz allgemein den Satzbau des Textes (z. B. viele Satzgefüge und vereinzelt Satzreihen oder einfache Hauptsätze) und gehe anschließend auf die Besonderheiten ein (z. B. Ellipsen, Ausrufesätze).

Sonderfall Ellipse

Teilweise enthalten Texte auch unvollständige Sätze, welche man Ellipsen nennt. Diese werden z. T. auch als rhetorische Mittel eingestuft. Ob du diese beim Satzbau oder bei den Stilmitteln beschreibst, bleibt dir überlassen, wichtig ist nur, dass du sie erwähnst, wenn sie im Text enthalten sind.

Wirkung

Diese unvollständigen, verkürzten Sätze werden häufig in der Alltagssprache verwendet, weshalb man oftmals darauf schließen kann, dass der Autor damit besonders „realitätsnah" wirken und eine Nähe zu seinen Lesern aufbauen möchte. Andererseits kann man mit dieser Satzart auch sehr gut emotionale Grenzsituationen wie Verwunderung, Freude, Verzweiflung oder Wut ausdrücken. Auch hier musst du also wieder sehr genau auf den Inhalt des Textes achten, um die Wirkung bestimmen zu können.

Der Autor der Kurzgeschichte konstruiert seine Sätze sehr bewusst und unterstreicht so die Handlung sowie die ihr zugrunde liegende Stimmung.

6 Sieh dir die folgenden Textbeispiele genau an. Sie enthalten auffällige oder für den Text typische Satzkonstruktionen. Versuche, die Satzbauarten zu benennen, und kreuze an, wie oft sie in der Kurzgeschichte auftreten.
Die Satzart c) weist eine Besonderheit auf. Notiere sie auf der dazugehörigen Zeile.

TIPP

Folgende Fragen helfen dir bei der Orientierung:
Welche Satzbauarten (Satzgefüge, Satzreihe, Hauptsätze) verwendet der Autor besonders häufig?
Welcher Satzbau kommt selten oder nur einmal vor?
Kommen bestimmte Satzarten (Fragesätze, Ausrufe, wörtliche/indirekte Reden) besonders oft vor?
Wird eine Satzart nur einmal im Text verwendet?

a) „Einmal, als wir im Regen [...] setzt seinen Weg an der Hauswand fort." (Z. 1 – 4)

____

Vorkommen: ☐ häufig ☐ gelegentlich / eher selten ☐ nur einmal

b) „Wir gehen schweigend die Treppe hinunter." (Z. 31)

____

Vorkommen: ☐ häufig ☐ gelegentlich / eher selten ☐ nur einmal

c) „Warum hat er Angst, frage ich meine Mutter." (Z. 4 f.)

____

Besonderheit: ________________________________

Vorkommen: ☐ häufig ☐ gelegentlich / eher selten ☐ nur einmal

d) „Ich sei noch ein Kind, ich könne das nicht verstehen, sagt sie [...].“ (Z. 11 f.)

____

Vorkommen: ☐ häufig ☐ gelegentlich / eher selten ☐ nur einmal

7 Kreuze an, welche Wirkung deiner Ansicht nach am ehesten auf die Satzkonstruktionen aus Aufgabe **6** zutrifft. Es ist auch möglich, mehrere Kreuze zu setzen.

a)
- ☐ Der Text wirkt abwechslungsreich und die Hintergründe der Thematik werden beschrieben.
- ☐ Der Autor zeigt sein Sprachtalent.
- ☐ Der Verfasser kann so mehr Informationen in einem Satz nennen.

b)
- ☐ Kurt Bartsch erzeugt dadurch eine dramatische, spannungsgeladene Stimmung.
- ☐ Die Intensität der Aussagen wird erhöht, der Inhalt wird auf das Wesentliche reduziert.
- ☐ Der Verfasser möchte einen eintönigen Lesefluss erzeugen.

c)
- ☐ Die Gespräche zeigen, dass die scheinbar einfachen Fragen des Kindes in Wirklichkeit existenzielle Fragen sind.
- ☐ Das Kind ist wissbegierig und möchte alles verstehen.
- ☐ Das Kind kann die Lage der Juden und damit ihre Angst nicht begreifen und möchte von der Mutter Erklärungen bekommen.

d)
- ☐ Kurt Bartsch will dadurch betonen, dass sich die Mutter nicht mit der Thematik auseinandersetzen will und deshalb ausweicht.
- ☐ Der Autor verdeutlicht, dass der Ich-Erzähler noch ein Kind ist.
- ☐ Eine zentrale Textstelle wird hervorgehoben, die Mutter kann ihrem Kind keine Erklärung geben und weicht deshalb aus.

D 2.5 Die Erzählperspektive

Als Erzählperspektive wird die Sichtweise des Erzählers bezeichnet, die durch zwei Erzählformen ausgedrückt werden kann. Bei der Bestimmung der Erzählperspektive sollte man immer bedenken, dass bei literarischen Texten der Autor bzw. die Autorin nicht identisch mit dem Erzähler ist. Der Autor bzw. die Autorin hat den Text verfasst, der Erzähler hingegen ist eine fiktive, von dem Autor bzw. der Autorin geschaffene Figur, die die Handlung erzählt oder aus deren Sicht die Handlung erzählt wird.

Erzählformen
- Ich-Form (Ich-Erzähler): Der Ich-Erzähler erzählt in der Regel aus der Perspektive einer Figur und verwendet hierzu das Pronomen „ich". In seltenen Fällen steht der Ich-Erzähler auch außerhalb der Handlung.
- Er-/Sie-Form (Er-/Sie-Erzähler): Der Er-/Sie-Erzähler verwendet sehr häufig die Pronomen „er" oder „sie" und erzählt entweder aus der Perspektive einer beteiligten Figur oder aus der einer außenstehenden Person.

Erzählperspektiven
- personale Erzählperspektive
  Die Handlung wird aus der eingeschränkten persönlichen Sicht einer Figur erzählt. Dieser Erzähler kann nur das wiedergeben, was die erzählende Person erlebt, wahrnimmt, denkt und fühlt. Hierbei kann ein Er-/Sie-Erzähler oder ein Ich-Erzähler auftreten.
- auktoriale Erzählperspektive
  Der auktoriale (allwissende) Erzähler steht außerhalb des Geschehens, er weiß alles und hat den Überblick über die gesamte Handlung sowie Einblicke in alle Beteiligten. Er kennt die Gedanken, Gefühle und die Hintergründe aller Figuren, kann Zusammenhänge erläutern, Vorausdeutungen machen, Rückblenden einfügen, kommentieren oder den Leser direkt ansprechen. Meist tritt ein allwissender Erzähler als Er-/Sie-Erzähler auf, allerdings ist es auch möglich, dass die Handlung aus Sicht eines auktorialen Ich-Erzählers in der Ich-Form wiedergegeben wird.
- neutrale Erzählperspektive
  Der Erzähler tritt in den Hintergrund und ist unabhängig von der Figurenwelt. Er tritt weder als personaler Erzähler auf, der die Sichtweise einer Figur einnimmt, noch als allwissender, auktorialer Erzähler.

Bei der Beschreibung der Erzählperspektive ist es wichtig, dass du genau erklärst, warum du den Text einer bestimmten Erzählperspektive zuordnest, und dass du deine Aussagen mit Textstellen (und Zeilenangaben) belegst.

TIPP

Folgende Fragen können dir Hinweise auf die Erzählperspektive geben:
Wer ist der Erzähler der Geschichte?
Was weiß der Erzähler? Weiß er mehr, als eine Figur wissen kann?

Erzählerwissen
Wichtig ist zudem der Begriff „Erzählerwissen", der das Verhältnis davon beschreibt, wie viel der Erzähler im Vergleich zur Hauptfigur und/oder generell zu den Figuren einer Geschichte weiß. Das Erzählerwissen wird dafür in die Kategorien „umfassend" oder „begrenzt" aufgeteilt.
- umfassend: Der Erzähler steht über dem Geschehen und leitet den Leser durch Kommentare, Vorausdeutungen oder Bewertungen durch die Geschichte. Er weiß mehr als die Figuren (→ auktoriale Erzählperspektive).
- begrenzt: Es wird aus der Sicht einer Person erzählt. Der Erzähler bleibt der Sichtweise dieser Figur verbunden. Er weiß nicht mehr oder sogar weniger als die Figur (→ personale Erzählperspektive, → neutrale Erzählperspektive).

1 Kreuze an, welche Erzählform und -perspektive bei den folgenden Textpassagen vorliegen und begründe deine Aussage stichpunktartig auf den dafür vorgesehenen Schreiblinien.

a) Ich konnte mir das alles nicht erklären und fragte meine Mutter, wohin sie Lucie gebracht hatten. Doch meine Mutter zuckte nur traurig mit den Schultern.

personaler Er-/Sie-Erzähler ☐
personaler Ich-Erzähler ☐
auktorialer Ich-Erzähler ☐

____

____

b) Sie klopfte unentwegt gegen die Tür, ihre Gedanken kreisten immer wieder um die eine Frage: Wo kann Lucie nur sein? Ihr kleiner Sohn konnte ihr Verhalten nicht einordnen und bekam es mit der Angst zu tun, weil er seine Mutter noch nie so verzweifelt gesehen hatte.

neutraler Er-/Sie-Erzähler ☐
personaler Ich-Erzähler ☐
auktorialer Er-/Sie-Erzähler ☐

____

____

c) Der kleine Junge lief hinter seiner Mutter her, er konnte kaum mit ihr Schritt halten. Die Frau wischte sich immer wieder die Tränen aus den Augen, sie blickte sich verstohlen um, verlangsamte ihr Tempo jedoch nicht.

neutraler Er-Sie-Erzähler ☐
auktorialer Er-/Sie-Erzähler ☐
personaler Er-/Sie-Erzähler ☐

____

____

2 Lies dir den Text „Berlin, Gormannstraße" (T 2) auf der Seite 50 genau durch und notiere dir Textstellen, die dir Hinweise auf die Erzählperspektive geben.
Begründe anschließend ausführlich, welche Erzählperspektive und Erzählform der Verfasser des Textes gewählt hat und belege deine Aussagen mit Textbeispielen.
Solltest du Schwierigkeiten haben, geeignete Textstellen zu finden, kannst du die Lösungshilfe verwenden. Es sind auch andere als die dort aufgeführten Textbelege möglich.

LÖSUNGSHILFE zu **2**

„frage ich" (Z. 6)
„sagt meine Mutter" (Z. 7 f.)
„Tante Lucie ist also auch Jude, denke ich" (Z. 8)
„die Angst löst sich in mir" (Z. 21)
„Sie weint" (Z. 33)

D 2.6 Die Autorintention und die Zielgruppe erkennen

Die Autorintention

Der Verfasser verfolgt beim Schreiben seines Textes immer ein Ziel, dieses nennt man Autorintention. Manchmal ist es relativ eindeutig, welche Absicht der Verfasser verfolgt, bei anderen Texten musst du sehr genau lesen und darüber nachdenken, was der Inhalt bei dir selbst ausgelöst hat. Dazu ist es erforderlich, dass du den Text als Ganzes betrachtest und dir über die Textaussage klar wirst. Dazu gehört auch, dass du einzelne Textstellen, die sprachliche Gestaltung sowie die Überschrift genau untersuchst und dir überlegst, weshalb der Autor so etwas schreiben könnte. Ist ein Text beispielsweise sehr ironisch verfasst, kannst du davon ausgehen, dass der Verfasser sich über etwas lustig machen und es dadurch kritisieren, aber auch den Leser unterhalten möchte. Häufig verfolgt der Verfasser nicht nur ein Ziel mit seinem Text, sondern möchte auf unterschiedliche Weise auf den Leser Einfluss nehmen. Eine Reportage ist beispielsweise meist unterhaltsam geschrieben, enthält gleichzeitig aber auch Informationen zu einem Thema und richtet oftmals noch einen Appell an den Leser. Es gibt auch Texte, die auf den ersten Blick neutral und sachlich wirken, bei genauerem Hinsehen stellt man jedoch fest, dass der Verfasser den Leser beeinflussen will, eine bestimmte Meinung anzunehmen. Deshalb ist es wichtig, dass du genau liest und die unterschiedlichen Möglichkeiten abwägst. Erkläre in deinen Ausführungen, wie du auf deine Behauptungen kommst und gib dazu passende Textstellen an.

TIPP Formulierungshilfen

Wendungen wie diese werden oft genutzt:
- *Besonders wichtig in diesem Zusammenhang ist, dass …*
- *Bemerkenswert ist auch …*
- *Zudem kann man feststellen, dass …*
- *Daraus kann man schließen, dass …*
- *Besonders deutlich wird, dass …*

Der Verfasser/Autor
- *möchte damit sagen, dass …*
- *erklärt darüber hinaus, dass …*
- *erwähnt / weist darauf hin …*
- *klärt darüber auf …*
- *will damit verdeutlichen, dass …*
- *bringt als Beispiel dafür …*
- *belegt dies durch …*

Mögliche Autorintentionen

Der Verfasser will:
- kritisieren oder loben
- informieren
- unterhalten
- ins Lächerliche ziehen
- appellieren (zum Handeln aufrufen)
- zum Nachdenken anregen (Betroffenheit erzeugen)

Möglicher Gegenstand der Kritik, des Lobs oder der Information
- Verhaltensweisen
- Personen oder Personengruppen
- gesellschaftliche oder politische Missstände
- unterschiedliche Sachverhalte

Die Zielgruppe

Mit dem Begriff **Zielgruppe** ist die Personengruppe gemeint, die der Text ansprechen soll. Welche das ist, kannst du beispielsweise durch die genaue Betrachtung der sprachlichen Gestaltung, der Autorintention, des Themas oder der Hauptfiguren erkennen, aber auch die **Quelle** kann aufschlussreich sein. So wird eine Reportage, die in einer Frauenzeitschrift erscheint, wohl eher vom weiblichen Geschlecht gelesen werden. Die **Sprache** kann dir z. B. in folgendem Fall weiterhelfen: Enthält der Text beispielsweise Passagen, die in Dialekt geschrieben sind, gibt es zwei Möglichkeiten. Entweder der Verfasser möchte sich darüber lustig machen und hat als Zielgruppe somit Personen anderer Regionen oder „Hochdeutschsprechende" oder aber er möchte damit besonders die Menschen erreichen, welche in Gegenden leben, die durch den Dialekt geprägt sind. Auch die **Thematik** und der Textinhalt spielen eine große Rolle. Handelt eine Reportage z. B. von neuen Trendsportarten, erreicht der Text vermutlich eher junge Leute. Eine Glosse über das harte Leben einer Hausfrau wird hingegen eher Frauen mittleren Alters gefallen. Befasst sich eine Kurzgeschichte mit den Problemen eines 15-jährigen Mädchens, richtet sich der Autor an Jugendliche oder deren Eltern. In diesen Fällen gibt dir die **Hauptperson** einen Hinweis auf die Zielgruppe.

Es ist natürlich möglich, dass unterschiedliche Personenkreise von einem Text angesprochen werden sollen. Wie bei der Autorintention gilt auch hier: Begründe deine Behauptungen und untermauere sie mit Textbelegen.

TIPP Zusammenhang von Verfasserabsicht und Zielgruppe

Die Zielgruppe ist eng mit der Autorintention verknüpft und wird deshalb in der Abschlussprüfung oft zusammen mit dieser abgefragt. Wird ein bestimmter Personenkreis z. B. in einem Text kritisiert und soll sein Verhalten ändern, soll er sich logischerweise auch von dem Text angesprochen fühlen.

Mögliche Zielgruppen
- Altersklassen (z. B. Jugendliche, Erwachsene, Rentner ...)
- gesellschaftliche Strukturen (z. B. Familie, Gemeinde, Verein ...)
- Berufsgruppen (z. B. Fachleute, Handwerker, Pflegepersonal ...)
- Menschen mit gemeinsamen Interessen (z. B. Eltern, Sport, Computer, Medien, Mode ...)
- Geschlecht (Frauen oder Männer)

Denke darüber nach, was der Text bei dir bewirkt hat. Versetze dich aber auch in die Perspektive des Autors und überlege, weshalb er sich diesem Thema widmet. Wen möchte er erreichen und was möchte er bei diesen Personen bewirken?

1 Beziehe deine Überlegungen auf den Text „Instagram hat Maren magersüchtig gemacht" (T 1) und ergänze die fehlenden Bestandteile der Verfasserabsicht. Gib geeignete Textstellen an.

Die Autorin der Reportage möchte die Leser darauf aufmerksam machen, ______________________

____

____.

Außerdem kritisiert Jana Rudolf mit ihrem Text ______________________

____

____

und ruft zudem dazu auf, ______________________

____

____.

Die Befragung mehrerer Experten (z. B. Z. __________) zeigt deutlich, dass Jana Rudolf vorwiegend ____. Der teils schildernde Stil (z. B. Z. __________) lässt zudem darauf schließen, dass die Journalistin den Leser ______________________________.

Die Verfasserin richtet sich mit ihrem Text vorwiegend an ______________________

____.

2 Beschreibe die mögliche Autorintention der Kurzgeschichte „Berlin, Gormannstraße" (T 2).

D 2.7 Das Textäußere beschreiben

In manchen Fällen wird in der Abschlussprüfung gesondert nach der Gestaltung des Textäußeren, des Layouts, gefragt, oftmals ist dies jedoch auch Bestandteil der Textsortenbestimmung. Bei literarischen Texten musst du nur selten Bezug auf das Textäußere nehmen, häufiger wird dies bei journalistischen Texten gefordert.
Achte bei der Beschreibung des Layouts darauf, dass du strukturiert dabei vorgehst. Arbeite die unterschiedlichen Bereiche nacheinander ab, erkläre die **Wirkung** der einzelnen Elemente und gib dabei auch ihre genaue Position an (z. B. wo der Name des Verfassers abgedruckt ist). Des Weiteren solltest du in ein bis zwei Sätzen kurz erläutern, was jeweils auf den Illustrationen oder Grafiken dargestellt ist.

TIPP Formulierungshilfen

Diese Wendungen können dir helfen:
- *die Neugierde / das Interesse des Lesers wecken*
- *dem Leser ins Auge stechen*
- *verdeutlichen/veranschaulichen/erklären/ Bezug nehmen auf …*

Die folgende Tabelle gibt dir einen Überblick, was alles zu einer vollständigen Beschreibung des Layouts gehört.

Layoutelemente	**Besonderheiten**	**Funktion, Wirkung**
Aufbau	– Spalten – Absätze – Zeilennummerierung – Rahmen	– Leseerleichterung – Übersichtlichkeit
	– Zwischenüberschriften – Textfelder (Layer)	– Betonung wichtiger Inhalte – Leseinteresse wecken – Übersichtlichkeit – Zusatzinformationen geben
	– Vorspann (Lead)	– Zusammenfassung der wichtigsten Informationen – verschafft einen ersten Überblick über das Thema
Überschriften	– Schlagzeile (Headline)	– Aufmerksamkeit erregen – Neugierde wecken – zum Weiterlesen anregen
	– Dachzeile (Zeile über der Hauptüberschrift)	
	– Unterzeile (Zeile unter der Hauptüberschrift)	– gibt nähere Information zur Hauptüberschrift
Illustrationen	– Fotos – Bilder – Zeichnungen – Grafiken – Karikaturen – Karten – Bildunterschrift	– Inhalte veranschaulichen – Zusatzinformationen geben – Aufmerksamkeit wecken – Leseanreiz geben – Glaubwürdigkeit erhöhen – Textäußeres auflockern
Zusätzliche Angaben	– Verfasserangabe – Quellenangabe – Ortsangabe – Rubrik	– zusätzliche Informationen für den Leser

Schriftgestaltung	– Schriftgröße – Schrifttyp – Kursiv- oder Fettdruck – Unterstreichungen – Initiale (Großbuchstabe zu Beginn des Fließtextes)	– Hervorhebung wichtiger Informationen – abwechslungsreiche Gestaltung des Textes

1 Vervollständige die fehlenden Angaben der folgenden Beschreibung des Textäußeren (T 1).

Der Text, der etwas mehr als zwei DIN-A4-Seiten umfasst, enthält eine fett gedruckte Überschrift, die sich über zwei Zeilen erstreckt und die (a) ______________________________ ______________________________. Die Reportage ist im Blocksatz geschrieben und in (b) ________ Absätze unterteilt, um (c) ______________________________ ______________________________. Der erste Absatz, der den szenischen Einstieg darstellt, ist (d) ____________ gedruckt, um die besondere Bedeutung hervorzuheben. Des Weiteren sind sechs Absätze im (e) __________________ geschrieben (f) (z. B. Z. ____–____), um den Blick des Lesers auf die zentralen Aussagen zu legen und den Text optisch aufzulockern. Zwei der fett gedruckten Passagen (Z. 29–32, Z. 71–72) sind zudem (g) __________________ und der Name „Maren" steht (h) ______________ darunter, um hervorzuheben, dass (i) ______________________________ ____.

Am Ende des Textes befindet sich in (j) __________ Schrift die (k) ______________________. Die Angabe zur Verfasserin ist (l) ______________________________ zu finden und wurde (m) ______________________________.

D 2.8 Eine Personencharakteristik erstellen

Häufig wird in der Abschlussprüfung bei literarischen Texten danach gefragt, die Hauptperson oder die Hauptpersonen zu charakterisieren. Hierbei geht es darum, ein vollständiges Bild von der Figur zu erstellen. Der Leser soll etwas über das allgemeine Wesen und die Persönlichkeit der Hauptperson, ihre momentane Verfassung, eine emotionale Entwicklung, den Umgang mit einem Konflikt oder das Verhältnis zu einer anderen Figur erfahren. Dazu gehört, dass du sowohl **äußere** als auch **innere Kennzeichen** beschreibst. Diese können im Text direkt angesprochen werden, es gibt jedoch auch viele indirekte Hinweise, beispielsweise im Verhalten der Person, die du deuten musst, um Rückschlüsse auf den Charakter des Menschen zu ziehen. Fasse bei deiner Charakterbeschreibung nur die Eigenschaften zusammen, die für eine Figur prägend sind, flüchtige Verhaltensweisen kannst du vernachlässigen. Die Figurencharakteristik wird im **Präsens** verfasst, deine Behauptungen musst du auch hier wieder genau mit Textstellen belegen.

TIPP Literarische Charakteristik

Achte darauf, dass du nicht einfach Textstellen abschreibst und so eine weitere Inhaltszusammenfassung erstellst, sondern interpretiere die Handlungen der Personen und ziehe Rückschlüsse auf deren Charakter.

Mögliche Orientierungspunkte
- Was erfährst du über das Aussehen der Hauptfigur?
- Was verraten dir bestimmte Verhaltensweisen über die Gefühle und den Charakter der Figur?
- Wie äußert sich die Figur? Wie geht sie mit der Situation um?
- Wie wirkt die Figur auf ihre Umwelt?
- Kann man aus der Körpersprache der Figur Rückschlüsse auf ihren Charakter ziehen?
- Welche Beziehungen bestehen zwischen den Figuren und wie sind diese gestaltet?

Auf folgende Elemente kannst du bei deiner Charakteristik eingehen:

Äußeres	**Inneres**
Name	Charaktereigenschaften
Alter	Wertevorstellungen
Wohnort	Gedanken
Aussehen	Gefühle
Kleidung	Erwartungen
Familiensituation	Wünsche
Lebensumstände	Verhältnis zu Mitmenschen
Beruf	typische Verhaltensweisen

1 Lies dir die folgenden Aussagen durch und überlege, welche Rückschlüsse auf Charaktereigenschaften du aus dem Verhalten der Personen ziehen kannst und schreibe diese in die rechte Spalte.

Aussage	**Eigenschaft**
Sie trommelt ununterbrochen mit den Fingern auf dem Tisch.	*nervös*
Sie hilft einer alten Dame in den Bus hinein.	
Noch nie hat sie ihre Hausaufgaben vergessen.	
Obwohl sie Hunger hat, gibt sie dem Mann ihr letztes Stück Brot.	
Völlig grundlos schlägt er ihr ins Gesicht.	
Sie kann sich nicht entscheiden, ob sie zu ihm gehen oder zu Hause bleiben soll.	
Er traut sich nicht, die anderen Jugendlichen anzusprechen.	
Das Geld, das er gefunden hat, gibt er im Fundbüro ab.	
Beherzt greift sie in die Situation ein und verteidigt den Jungen, der von drei Jugendlichen angegriffen wird.	
Ruhig erklärt sie ihren Schülern zum fünften Mal die Zeichensetzungsregeln.	
Er weiß, dass er sehr gutaussehend ist und jeder ihn darum beneidet.	
Ihre eben noch fröhlichen Augen richten den Blick auf den Boden und sie geht mit hängenden Schultern weg.	
Mit zitternden Händen öffnet sie die Türe und fragt stotternd, wer da sei.	

2 Sieh dir die folgenden Textstellen (T 2) genau an und kreuze an, welchen Schluss du daraus auf den Charakter der Mutter ziehen kannst.

a) „[...] sie braucht viel zu essen, sagt meine Mutter immer, wenn wir ihr Brot, einen Topf Suppe bringen." (Z. 16 f.)

☐ Die Mutter hat vermutlich selbst jüdische Wurzeln, da sie sich um ihre jüdische Freundin kümmert.
☐ Sie ist finanziell abgesichert, da sie es sich leisten kann, während des Krieges anderen etwas Essen abzugeben.
☐ Die Mutter ist hilfsbereit, da sie ihrer jüdischen Freundin regelmäßig Essen bringt.

b) „Ich weiß nicht, sagt meine Mutter." (Z. 32)

☐ Die Frau will ihr Kind nicht belasten und beantwortet deshalb nicht alle Fragen.
☐ Sie verschließt die Augen vor der Wahrheit und möchte nicht wahrhaben, wohin die Juden gebracht werden.
☐ Die Mutter ist naiv und ahnungslos, da sie nicht weiß, wohin man die Juden gebracht hat.

c) „[...] umarmen sie sich [...]" (Z. 19) „Sie weint." (Z. 33)

☐ Die Mutter hat ihre Gefühle nicht im Griff und wird depressiv.
☐ Die Frau ist emotional und kann ihre Gefühle zeigen.
☐ Die Mutter ist emotional sehr ergriffen. Bei Lucie scheint es sich um mehr als eine Freundin zu handeln, eventuell ist sie ihre Schwester.

d) „Wo wolln Sie denn hin, fragt ein Mann [...]. Zu Lucie Mannheimer, sagt meine Mutter." (Z. 26 f.)

☐ Sie ist sich der Gefahr nicht bewusst, dass ihr Kontakt zu einer Jüdin Konsequenzen haben könnte.
☐ Die Mutter ist unvorsichtig und vertrauensselig, da sie dem Mann erzählt, dass sie eine Jüdin besuchen wollte.
☐ Die Mutter ist mutig und steht zu ihrer jüdischen Freundin.

3 Versuche nun, selbst herauszufinden, was du aus der folgenden Textstelle schließen kannst.

„[...] die beiden Frauen [...] tauschen zwei, drei Sätze, flüsternd, als wären sie nicht allein in der Wohnung." (Z. 18 f.)

____

____

____

____

4 An einer Textstelle kann man erkennen, dass die Mutter Juden gegenüber ohne Vorurteile ist und keinen Unterschied zwischen jüdischen und anderen Menschen macht. Suche die Textstelle und notiere sie.

____

____

5 Nun musst du noch die äußeren Lebensumstände der Mutter sammeln, dann kannst du gemeinsam mit den Informationen aus den Aufgaben 2 bis 4 eine Charakteristik erstellen.

D 2.9 Erörterungsaufgaben

In der Abschlussprüfung wird eine begründete Stellungnahme zu einer Frage- oder Problemstellung oder zu einer Aussage des Textes gefordert. Wie genau diese Aufgabe aussieht, kann variieren. Es kann sich dabei um einen schlichten Erörterungsauftrag handeln, denkbar ist dieser Arbeitsauftrag jedoch auch in Form eines argumentativen Schreibens (z. B. ein Leserbrief oder Ähnliches). Die verschiedenen argumentativen Schreibformen lernst du in diesem Kapitel kennen.

INFO Aufgabenarten

Folgende Aufgaben werden häufig in der Abschlussprüfung gestellt:
- Erörterung
- Stellungnahme
- Appell
- Leserbrief
- Beschwerdebrief

Erörterung

Bei einer Erörterungsaufgabe gehst du im Grunde wie bei einer Erörterung vor (siehe Kapitel C). Je nach Aufgabenstellung suchst du beispielsweise Argumente zum Thema des Textes oder zu Aussagen einzelner Personen. Genau wie bei einer Erörterung formulierst du überzeugende Argumente mit Behauptung, Begründung, Beispiel und Rückführung aus, verknüpfst diese durch Überleitungen und ordnest sie sinnvoll an. Es geht dabei nicht darum, dass du eine vollständige Erörterung schreibst, dafür würde die Zeit nicht genügen. Wenn du sichergehen möchtest, frag deine Deutschlehrkraft, welche Anzahl von Argumenten sie in einer Abschlussprüfung verlangt.

INFO Umfang der Lösung

Die Erörterungsaufgabe sollte ca. eine DIN-A4-Seite in normaler Schriftgröße umfassen (ca. 250 Wörter). Diese Vorgabe dient dir allerdings nur zur Orientierung. Natürlich musst du keine Wörter zählen, entscheidend ist die Qualität deiner Arbeit.

Arbeitsschritte
- Analysiere das Thema.
- Erstelle eine kurze Stoffsammlung, ordne sie und entscheide dich für die stichhaltigsten Thesen.
- Verfasse eine kurze Einleitung, die zur Themafrage hinführt.
- Formuliere die Argumente aus. Achte dabei auf den korrekten Aufbau deiner Argumente und vergiss die Rückführungen und Überleitungen nicht.
- Runde deine Argumentation durch einen kurzen Schlussteil ab.

Sprachliche Gestaltung
- sachlicher Schreibstil
- durch Verknüpfungswörter Zusammenhänge herstellen

Stellungnahme

Bei einer Stellungnahme musst du Stellung zu einer Aussage des Textes, zu einem dargestellten Problem oder zur Position des Verfassers beziehen, sprich, deine Meinung äußern und diese begründen. Du musst dir also im Vorfeld Gedanken darüber machen, wie du zu der Thematik stehst und dir dann überzeugende Argumente hierzu überlegen. Ein Abwägen von verschiedenen Positionen wie bei der Erörterung ist hier nicht gefragt. Bei den Arbeitsschritten sowie der sprachlichen Gestaltung kannst du dich an der Erörterung orientieren.

Appell

Ein Appell ist ein Aufruf in einer Zeitung, einer Zeitschrift oder auf einem Flugblatt, der auf eine spezielle Thematik aufmerksam macht und zugleich die Zielgruppe durch stichhaltige Argumente zu einem bestimmten Handeln bewegen will. Bei den folgenden Orientierungspunkten zur sprachlichen Gestaltung und zum Aufbau eines Appells handelt es sich lediglich um Anregungen. Gerne kannst du deine Kreativität einfließen lassen, achte dabei jedoch auf eine klare inhaltliche sowie optische Strukturierung.

Möglicher Aufbau
- Überschrift, die Aufmerksamkeit erregt
- kurze Darstellung der Situation
- gewünschte Veränderung (z. B. ein bestimmtes Handeln oder Verhalten)
- mögliche Schritte zur Änderung aufzeigen
- Schluss mit klar formulierter Aufforderung
- Angabe der Personengruppe, die für den Appell verantwortlich ist

Sprachliche Gestaltung
- den Leser direkt ansprechen
- Fragesätze, Ausrufesätze
- einprägsame Aufzählungen, Schlagwörter
- sachliche Informationen

1 An deiner Schule hat sich unter einigen Mädchen eine Art Wettbewerb entwickelt, möglichst schlank zu werden, um bekannten Influencerinnen nachzueifern. Kläre gemeinsam mit deinen Freundinnen und Freunden aus der Schülerzeitung deine Mitschülerinnen und -schüler über den gefährlichen Magertrend und dessen Folgen auf. Die folgende Lösungshilfe bietet dir Informationen, die du für deinen Appell verwenden kannst.

LÖSUNGSHILFE zu **1**
- Zehn Prozent aller Magersüchtigen sterben an den Folgen der Krankheit, da jahrelanges Hungern zum Tod führen kann.
- Mögliche dauerhafte Folgeschäden einer Magersucht sind z. B. Unterfunktion der Geschlechtsdrüsen, Knochenschwund, irreparable Organschäden, Herz-Kreislauf-Beschwerden, Nierenschädigung, Magen-Darm-Beschwerden.
- Circa 20 Prozent der Kinder und Jugendlichen von elf bis 17 Jahren zeigen Symptome einer Essstörung.

Beschwerdebrief
Eine Beschwerde ist ein Schreiben (sachlicher Brief) an eine Einrichtung oder eine Einzelperson, in dem du dich (eventuell aus der Perspektive einer literarischen Figur) über einen Missstand beschwerst. Der Verfasser hofft durch sein Schreiben je nach Sachverhalt auf eine Änderung, eine Zurücknahme oder eine Korrektur.

Aufbau
- Angabe des Empfängers
- Angabe des Absenders
- Angabe von Ort und Datum
- Anrede (Sehr geehrte/-r …)
- Einleitung: Gegenstand der Beschwerde nennen
- Hauptteil: Gründe für Beschwerde angeben, genaue Erläuterung der Umstände, eigenen Standpunkt mit Argumenten untermauern, eventuell Alternativmöglichkeiten aufzeigen
- Schluss: Forderung stellen
- Grußformel (Mit freundlichen Grüßen)
- Unterschrift (vollständiger Name)

INFO Beschwerdebrief

Der „Beschwerdebrief“ als eine mögliche Aufgabe ist auch im aktuellen Lehrplan enthalten, wird aber sehr wahrscheinlich kein Bestandteil der Abschlussprüfung sein.

TIPP Briefe

Wie du bestimmt weißt, enthält jeder sachliche Brief die Anschrift des Empfängers und des Absenders sowie die Orts- und Datumsangabe. Besprich mit deiner Lehrkraft, ob sie diese Angaben in der Abschlussprüfung wünscht oder ob ihm die inhaltliche Ausgestaltung genügt.

Sprachliche Gestaltung
- Ich-Form
- sachlicher, argumentativer Schreibstil, subjektive Meinung darf einfließen
- keine Beleidigungen
- Zeitstufe: Präsens bei Beurteilungen und Bewertungen, Präteritum bei Berichterstattung über ein vergangenes Ereignis

Hier findest du ein beispielhaftes Layout für einen sachlichen Brief.

Anschrift

Absender

Ort, Datum

Betreffzeile
Leserbrief zu ... (Titel, Autor, Erscheinungsdatum)

Sehr geehrte Damen und Herren,

in Ihrer Ausgabe vom ...

Mit freundlichen Grüßen

Max Mustermann

INFO Anredepronomen

Denke daran, dass Anredepronomen in der Höflichkeitsform großgeschrieben werden z. B.
- Wie Sie wissen...
- Wie ich Ihnen bereits mitgeteilt habe ...
- Wie ich Ihrem letzten Anschreiben entnehmen konnte ...

2 Versetze dich in die folgende Situation: Frau Müller ist Mutter einer 17-jährigen Tochter, die schwer an Anorexie erkrankt ist und die sich durch einige Influencerinnen und Influencer auf Instagram dazu animiert fühlt, weiter abzunehmen. Da die Influencerinnen und Influencer auf Frau Müllers Anfragen nicht oder ablehnend reagierten, beschließt sie, einen Beschwerdebrief an Instagram zu verfassen. Ergänze die vorhandenen Überlegungen und notiere dir weitere Stichpunkte auf den Schreiblinien.

a) Worüber möchte sich Frau Müller beschweren? Inwiefern betrifft sie das? (Einleitung)

b) Wie sieht die momentane Situation aus? Weshalb sollten die Betreiber des sozialen Netzwerks tätig werden? (Hauptteil: Darlegung der Situation, genaue Erklärung der Umstände → Argumente aufbauen)

– Instagram fördert Essstörungen wie beispielsweise Anorexie durch die Beiträge bestimmter Influencerinnen und Influencer.

– Recovery-Accounts werden teilweise dazu missbraucht, den Genesungsprozess zu verlangsamen oder gar zu verhindern.

c) Welche Möglichkeiten sieht Frau Müller, die Situation zu verbessern? Welche Forderung stellt sie? (Schlussteil)

– stärkere Kontrolle der geposteten Beiträge

– Influencerinnen und Influencer, die den Magerwahn vorantreiben, sollten nach einer Verwarnung gesperrt werden.

3 Mit den Überlegungen aus Aufgabe 2 sollte es dir nun möglich sein, einen vollständigen Beschwerdebrief zu verfassen. Zur Übungszwecken genügt es, wenn du hier nur ein Argument ausformulierst.

Leserbrief
In vielen Zeitungen werden Leserbriefe abgedruckt, worin die Leser die Möglichkeit bekommen, ihre Meinung öffentlich zu äußern. Ein derartiges Schreiben richtet sich immer an eine Zeitung oder Zeitschrift und bezieht sich auf einen Zeitungsartikel oder ein aktuelles Thema. Der Verfasser des Briefes lobt, ergänzt oder kritisiert den Zeitungsartikel und bringt gegenteilige Gedanken zur Sprache. Orientiere dich bei der sprachlichen sowie der formalen Gestaltung am Beschwerdebrief.

TIPP Formulierungshilfen

Diese Wendungen können dir beim Formulieren der eigenen Meinung helfen:
- *Ich bin der Meinung, dass …*
- *Meines Erachtens …*
- *Meiner Meinung nach …*
- *Aus meiner Sicht stellt sich das folgendermaßen dar …*
- *Ich vertrete den Standpunkt, dass …*
- *Für mich ist wichtig, dass …*

Aufbau
- Angabe des Empfängers
- Angabe des Absenders
- Betreffzeile: Thema oder Artikel (Angabe von Titel, Datum), auf das/den man sich bezieht
- Angabe von Ort und Datum
- Anrede (Sehr geehrte Damen und Herren)
- Einleitung: Titel, Verfasser, Quelle und Erscheinungsdatum nennen; kurz (ein bis zwei Sätze) die Problematik des Textes oder der Situation erklären, anschließend den Grund für dein Schreiben nennen (z. B. persönliche Betroffenheit)
- Hauptteil: ausführliche Begründung des persönlichen Standpunktes gestützt durch verschiedene Argumente, eigene Meinung sollte dabei erkennbar sein
- Schluss: Alternativen aufzeigen, Kompromisse vorschlagen, einen Appell äußern, Schlussfolgerungen ziehen, Forderungen stellen
- Grußformel (Mit freundlichen Grüßen)
- Unterschrift (vollständiger Name)

INFO Aussagen zitieren

In Zeitungsartikeln werden häufig Personen zitiert, deren Äußerungen dann in der indirekten Rede (siehe Kapitel D 2.2, Seite 53 f.) stehen.
Verwende die indirekte Rede, wenn du Gesagtes wiedergeben möchtest.

4 Erinnere dich an Frau Müller, die Mutter einer an Anorexie erkrankten Tochter. Sie hat die Reportage „Instagram hat Maren magersüchtig gemacht" (T 1) in der Zeitung gelesen und möchte sich nun zu dem Artikel in Form eines Leserbriefes äußern. Da in dieser Aufgabe dieselbe Situation vorliegt und die Person eine Rolle spielt, die bereits bei der Aufgabenstellung des Beschwerdebriefes aufgetreten ist, kannst du die eine oder andere Idee bestimmt auch hier verwerten.

Beantworte die folgenden Fragen stichpunktartig.

a) Inwiefern betrifft Frau Müller diese Problematik? Weshalb will sie sich zu dem Thema äußern? (Einleitung)
b) Welche Aussagen könnten Frau Müller an dem Artikel gefallen haben? (Einleitung/Hauptteil)
c) Was könnte die Mutter ergänzen wollen? (Hauptteil)
d) Welche Forderung könnte sie stellen? Welches Fazit zieht sie aus alledem? (Schluss)

5 Mithilfe deiner Vorarbeiten kannst du jetzt aus der Perspektive von Frau Müller einen Leserbrief verfassen. Achte jedoch darauf, dass du den vorgegebenen Aufbau einhältst. Schreibe den hier begonnenen Leserbrief zu Ende.

Sehr geehrte Damen und Herren,
in Ihrer Ausgabe vom 29.07.2019 war eine Reportage von Jana Rudolf mit dem Titel „Instagram hat Maren magersüchtig gemacht" abgedruckt, in der über ein magersüchtiges Mädchen berichtet wurde, das erst durch Instagram krank wurde. Da auch ich Mutter einer an Anorexie erkrankten Tochter bin, die sich immer wieder auf Instagram Ideen holt und sich gemeinsam mit anderen jungen Mädchen dort zum weiteren Abnehmen motiviert, kenne ich die Problematik nur all zu gut. …

D 2.10 Kreative Produktionsaufgaben

Bei der letzten Aufgabe deines Aufsatzes (vor dem Schlussteil) handelt es sich um einen offenen Schreibauftrag, der ganz unterschiedlicher Art sein kann. Im Infokasten findest du verschiedene kreative Schreibaufträge, einige davon werden in diesem Kapitel genauer erläutert. Es ist jedoch auch denkbar, dass dir eine andere Aufgabe gestellt wird, die du in dieser Form vielleicht noch nie bearbeitet hast. Lasse dich davon nicht verunsichern und behalte einen kühlen Kopf. Lies dir die Aufgabenstellung genau durch und mache dir Notizen dazu, was gefordert ist, dann gelingt es dir bestimmt, auch neuartige Aufgabentypen zu bearbeiten.

INFO Aufgabenarten

Folgende Aufgaben werden häufig in der Abschlussprüfung gestellt:
- Dialog
- innerer Monolog
- persönlicher Brief
- Fortsetzung eines Textes
- Schilderung
- aus einer anderen Perspektive erzählen
- eine Leerstelle füllen

Mögliche Orientierungspunkte
- Wann, wo und unter welchen Umständen findet die Handlung statt?
- Welche Eigenschaften und welche Einstellung hat die Person?
- Wie fühlt sich die Figur?
- Wie reagiert die Umwelt auf die Person?
- Welche Gründe gibt es für das Handeln der Figur?
- Welchen Sprachstil erfordert die Schreibaufgabe?

Kreative Schreibformen sind nicht so normiert wie die argumentativen, es gibt also weniger festgeschriebene formale und sprachgestalterische Regeln, an die du dich halten musst. Es kommt mehr darauf an, dass das Gesamtkonzept stimmig ist und zur Situation und zum Charakter passt.
Um das zu erreichen, ist es daher wie bei allen anderen Teilen deines Aufsatzes auch bei der kreativen Produktionsaufgabe sinnvoll bzw. notwendig, dass du vorher auf einem Konzeptblatt Stichpunkte festhältst und deine Gedanken ordnest. Überlege dir immer, bevor du mit dem Schreiben beginnst, wohin dein Text führen soll und welche Handlungsschritte notwendig sind, um dorthin zu gelangen.
Zudem gibt es einige Richtlinien, an die du dich halten solltest, damit dir deine Aufgabe gelingt. Bei Aufgaben wie dem Dialog, dem inneren Monolog, dem persönlichen Brief, dem Tagebucheintrag oder dem persönlichen Brief solltest du dich am Sprachstil der Figur orientieren oder, je nach Aufgabenstellung, auch deinen eigenen Stil verwenden. Achte hierbei darauf, dass du dich trotz aller kreativer Freiheit grundsätzlich an der Standardsprache orientierst. Kraftausdrücke oder Ähnliches haben nichts in einem Aufsatz verloren!

INFO Überleitung zur Produktionsaufgabe

Da die kreative Produktionsaufgabe ein Teil deines Aufsatzes ist, solltest du nicht einfach mit dem Schreiben beginnen, sondern diesen Teil durch eine Überleitung in den Aufsatz integrieren. Gehe einfach kurz darauf ein, was du im Folgenden tun wirst und stelle einen Zusammenhang zum Text her.

Persönlicher Brief

Ein persönlicher Brief ist natürlich anders gestaltet als ein sachlicher Brief. Hier ist es wichtig, dass du dich in die Person hineinversetzt, aus dessen Perspektive du schreibst. Du solltest die Gefühle und Gedanken sowie die Eindrücke so schildern, als wärst du diese Person. Lies den Text deshalb sehr genau und bedenke, was die Figur erlebt hat, in welchem Umfeld sie sich aufhält und was ihr wichtig ist. Zudem musst du den Empfänger des Briefes berücksichtigen, da er natürlich nicht all das weiß und erfahren hat, was der Figur aus dem Text zugestoßen ist.

Wichtig ist auch, dass du den Empfänger bei deinem Sprachstil berücksichtigst. Davon hängt beispielsweise ab, ob du umgangssprachliche oder jugendsprachliche Elemente einfließen lassen kannst oder nicht. Grundsätzlich gilt jedoch auch hier, dass du dich an der Standardsprache orientieren solltest und keine Schimpfwörter benutzen darfst.

TIPP Umgangssprache

Orientiere dich auch bei kreativen Schreibaufgaben grundsätzlich an der Standardsprache und verwende, wenn überhaupt, nur vereinzelt umgangssprachliche Wendungen. Kraftausdrücke oder Schimpfwörter sind auch bei Tagebucheinträgen, inneren Monologen usw. tabu!

Beim Aufbau des persönlichen Briefes bist du relativ frei. Überlege dir im Vorfeld, welche Botschaft du vermitteln oder was du erreichen möchtest und konzipiere entsprechend. Denke dir einen passenden Einleitungsgedanken aus und schildere im Hauptteil die Situation. Auch hier solltest du deine Aussagen begründen, allerdings muss das nicht so stringent erfolgen wie in einer Erörterung. Da ein Brief aus ganz unterschiedlichen Gründen verfasst werden kann, ist es schwierig, verbindliche Richtlinien für Aufbau und Inhalt zu geben. Die folgende Auflistung zeigt dir Möglichkeiten, wie du deinen Brief gestalten kannst.

Möglicher Aufbau
- Angabe von Ort und Datum
- Anrede (Liebe/-r ...)
- Einleitung: Anlass nennen, sich entschuldigen, auf ein Ereignis Bezug nehmen o. Ä.
- Hauptteil: Situation erklären, Entscheidungen begründen, Gefühle beschreiben, Fragen stellen o. Ä.
- Schluss: Wunsch oder Forderung äußern, um Antwort oder um ein Treffen bitten o. Ä.
- Grußformel (Viele/Herzliche Grüße o. Ä.)
- Unterschrift

1 Versetze dich in die Situation der Mutter (T 2), die einer gemeinsamen Freundin davon schreibt, dass Lucie Mannheimer deportiert wurde. Berücksichtige die Gefühle der Briefschreiberin.

Ein Zehntklässler hat diese Aufgabe bereits bearbeitet, dabei sind ihm jedoch einige Fehler unterlaufen. Markiere diese im Text und schreibe deine Kritikpunkte stichpunktartig auf die Zeilen.

Liebe Doris,
ich schreibe dir heute aus einem traurigen Anlass. Ich habe mich heute Vormittag wie so oft mit meinem kleinen Leopold auf den Weg zu Lucie gemacht, um ihr ein wenig Suppe und Brot zu bringen. Auf dem Weg zu ihr hatte ich schon ein ganz mulmiges Gefühl. Leopold hat einen jüdischen Jungen beobachtet, der völlig verängstigt war, und mich mit Fragen gelöchert, auf die ich keine Antworten habe. Er versteht einfach nicht, weshalb die Juden solche Angst haben. Aber wie soll er das auch? Ich kann das Ganze ja selbst nicht begreifen. In der Gormannstraße angekommen, klopfte ich bei Lucie. Sie öffnete nicht und zeigte keine Reaktion. Mir wurde ganz flau im Magen. Ein Mann kam die Treppe herauf und meinte, dass die Juden abgeholt wurden und jetzt da seien, wo sie hingehörten. Ich war so scho-

____
____
____
____
____
____
____
____

ckiert, dass ich nichts darauf sagen konnte. Ich fühle mich schlecht, weil ich ihm nichts entgegnet habe. Ich bin so traurig, jetzt hat es auch unsere Lucie getroffen. Ich hatte wirklich gehofft, dass sie sie vergessen. Sie hat sich doch die letzten Monate so gut versteckt. Ich hoffe so sehr, dass sie es irgendwie schafft, zu überleben und diesem Wahnsinn zu entkommen.
Bis bald!
Deine Anne

2 Versuche nun selbst, die oben genannte Aufgabe zu lösen und verfasse einen persönlichen Brief.

Tagebucheintrag

Eines der intimsten Schreiben, das man verfassen kann, ist ein Tagebucheintrag. Da der Text nicht dafür bestimmt ist, von anderen Personen gelesen zu werden, hat der Verfasser hier die Möglichkeit, seine geheimsten und innersten Gedanken und Gefühle zu äußern, die sowohl positiv als auch negativ sein können. Form und Aufbau eines Tagebucheintrages sind relativ frei, du solltest dich aber dem Charakter und der Sprechweise der literarischen Figur anpassen und in der Ich-Form schreiben. Mache dir vor dem Verfassen des Tagebucheintrages genaue Gedanken über die Person und notiere sie stichpunktartig.

Mögliche Orientierungspunkte
- Welche Gedanken und Gefühle bewegen die Figur? Aus welchen Gründen hat sie diese Gefühle?
- Wie hat der Tagebuchschreiber die Situation erlebt?
- Will er sein Verhalten oder seine sozialen Beziehungen ändern?
- Welche Wünsche und Hoffnungen hat er?

Sprachliche Gestaltung und Form
- Ich-Form
- meist Präteritum oder Perfekt (Bericht über Vergangenes)
- Ausrufe, Fragen
- möglicher Beginn: Liebes Tagebuch ...
- Einleitung, worüber du schreiben willst, z. B. „Heute ist mir etwas Schlimmes passiert ...“
- Hauptteil: anschauliche Schilderung des Geschehens, Berücksichtigung der Gedanken und Gefühle
- Schluss: Hoffnungen, Wunsch, Vorsatz, Entscheidung

3 In einem Tagebucheintrag ist es wichtig, dass du aus dem Text erschließt, wie es der Person geht und was sie fühlt. Versuche, dich in die Situation der Mutter (T 2) zu versetzen, und notiere dir Stichpunkte zu folgenden Oberbegriffen.

Erlebte Situation: *jüdische Freundin wurde deportiert, Reaktionen des Mannes (Lachen, Befürwortung)*

Gedanken und Gefühle: ____________________

Mögliche Verhaltensänderung: ____________________

Wünsche und Hoffnungen: ____________________

4 Verfasse nun mithilfe deiner Notizen einen Tagebucheintrag, in welchem die Mutter schildert, wie sie die Situation erlebt hat und was sie beschäftigt. Fertige den Tagebucheintrag auf einem gesonderten Blatt an.

Schilderung

Schildern bedeutet so viel wie „mit Worten malen", man möchte dem Leser eine Atmosphäre oder Stimmung nahebringen, ihn förmlich in die Situation „hineinziehen". Im Vordergrund steht hierbei keine Handlung, sondern eine detailgenaue Vermittlung des Geschehens. Achte darauf, dass du das **innere** und das **äußere Erleben** der Situation genau beschreibst. Mit dem inneren Erleben sind Gedanken und Gefühle gemeint, das äußere umfasst die folgenden Sinneseindrücke: Hören, Sehen, Schmecken, Riechen, Tasten. Natürlich ist es nicht immer möglich, alle Sinne in einer Schilderung einzubeziehen, achte darauf, dass die Eindrücke zu der Situation passen. Bei einer Personenschilderung solltest du zudem besonders auf Körperhaltung, Mimik, Gestik und Sprache achten.

INFO

Die Schilderung gliedert sich thematisch in folgende Arten:
- Landschaftsschilderung
- Personenschilderung
- Situationsschilderung
- Schilderung von Gefühlen

Sprachliche Gestaltung und Form
- unmittelbarer Einstieg und offener Schluss
- Präsens
- Ich-Form
- bildhafte Sprache (Metaphern, Vergleiche, anschauliche Adjektive, treffende Verben)

TIPP Bewertungskriterien

Bei der Bewertung einer Schilderung wird großer Wert auf die **sprachliche Ausgestaltung** sowie die Schilderung von **Gedanken**, **Gefühlen** und **Sinneseindrücken** gelegt.

5 Ergänze die passenden Verben

vor Kälte ______________________________

allen Mut ______________________________

in Tränen ______________________________

mit den Zähnen ______________________________

vor Freude ______________________________

aus vollem Halse ______________________________

sich vor Schmerzen ______________________________

vor Angst ______________________________

nach Luft ______________________________

auf dem Absatz ______________________________

6 Versuche, für die folgenden Aussagen ausdrucksstarke Formulierungen und Redensarten zu finden. Wenn du nicht weiterweißt, kannst du den Wortspeicher unter der Tabelle verwenden.

	Ausdrucksstarke Formulierungen
stark zittern	*wie Espenlaub zittern*
sehr ärgern	
faulenzen	
Schwierigkeiten bekommen	
wütend sein	
sehr lachen	
überrascht sein	
Glück wünschen	

aus allen Wolken fallen   wie Espenlaub zittern   sich vor Lachen biegen
sich grün und blau ärgern   vor Wut kochen   die Daumen drücken   in Teufels Küche geraten
auf der faulen Haut liegen

7 Nun hast du bestimmt ein Gefühl dafür bekommen, wie du eine Schilderung sprachlich ausgestalten kannst. Sammle Sinneseindrücke, die die Mutter vor der Tür von Lucie Mannheimer wahrnehmen könnte (T 2). Es ist nicht schlimm, wenn dir zu einer Sinneswahrnehmung nichts einfällt.

Hören	*Schritte auf der Treppe,*
Sehen	*düsterer Treppenaufgang,*
Schmecken	*trockener Mund,*
Riechen	*modriger Geruch,*
Tasten	
Fühlen	

8 Verfasse nun eine Schilderung der Situation aus Aufgabe **7** und achte dabei auf eine bildhafte Sprache sowie eine detailgenaue Darstellung der Sinneswahrnehmungen. Wenn du möchtest, kannst du den folgenden Beginn einer Schilderung fortsetzen.

Ich stehe vor Lucies Tür, das dumpfe Klopfen meiner eigenen Schläge gegen die alte, morsche Tür hallt in meinem Kopf wider. Wieso öffnet sie denn nicht? Aus der Wohnung ist kein Laut zu hören. Wie durch Watte dringt Leopolds Stimme an meine Ohren: „Wieso macht uns Lucie denn nicht auf?" „Ich weiß es nicht", flüstere ich, als ich plötzlich schwere Schritte auf der Treppe wahrnehme …

Fortsetzung des Textes

Dieser Schreibauftrag wird gerne bei literarischen Texten gestellt. Hier besteht deine Hauptaufgabe darin, ein Ende der Geschichte zu entwerfen, das inhaltlich und sprachlich an den Originaltext anknüpft. Man soll dabei nicht bemerken, dass du es nachträglich hinzugefügt hast. Manchmal lautet der Arbeitsauftrag auch, dass du die Handlung aus Sicht einer Person weitererzählen sollst. In diesem Fall musst du deren Perspektive übernehmen und darüber nachdenken, wie diese Figur spricht, denkt und handelt, und auf diesen Überlegungen aufbauend deinen Text konzipieren. Mache dir dazu unbedingt vorher Notizen.

TIPP

Achte bei deiner Textfortsetzung darauf, den sprachlichen Stil des Originaltextes zu treffen und die Charaktere (Gedanken, Verhalten, Handlungen) so beizubehalten, wie sie sind.

9 Beantworte die folgenden Fragen und finde ein geeignetes Ende für die Kurzgeschichte (T 2).

a) Wie soll die Geschichte weitergehen bzw. enden?

____

____

____

b) Welche Handlungsschritte sind dafür nötig?

____

____

____

c) Welche sprachlichen Eigenheiten enthält der Text?

____

____

____

10 Erzähle nun, wie die Kurzgeschichte zu Ende geht.

TIPP Grundkonzept entwickeln

Wenn du einen Text fortsetzen sollst, musst du dich natürlich zuerst für einen Schluss entscheiden. Überlege dann, welche Handlungsschritte du benötigst, um dorthin zu kommen, damit deine Handlung schlüssig ist. Erstelle dir deshalb in der Abschlussprüfung einen stichpunktartigen Leitfaden mit allen notwendigen Handlungsschritten und Informationen.

Dialog

Ein Dialog ist ein Gespräch zwischen zwei oder mehreren Personen. Die Handlung wird hier wie bei einem Drama (Theaterstück) nur durch das Gespräch in Form von direkter Rede vermittelt. Die Gefühle der handelnden Personen werden nur durch die Sprechweise (Mimik und Gestik), den Inhalt des Gesagten oder durch innere Monologe vermittelt, da es keinen Erzähler gibt.

Sprachliche Gestaltung und Form
- Dialogform einhalten (direkte Rede)
- um Gefühle zu verdeutlichen, Regieanweisungen verwenden (z. B. aufgebracht, fröhlich) → gezielter, sparsamer Einsatz
- Präsens
- keine Begleitsätze (z. B. „sagt er mit trauriger Stimme")
- elliptische Sätze oder Aneinanderreihung von kurzen Sätzen (je nach Gefühlslage, z. B. bei hektischer oder emotional aufgewühlter Stimmung)
- angepasster Sprachstil (z. B. Standardsprache mit Einfluss umgangssprachlicher Ausdrücke oder Gebrauch von Dialekt)

11 Stell dir vor, die Mutter erzählt abends ihrem Mann, was mit Lucie passiert ist. Setze den folgenden Dialog fort (T 2).

Anne: Josef, ich bin so froh, dass du endlich kommst!
Josef: Was ist denn los, Anne? Du bist ja ganz aufgelöst. Was ist passiert?
Anne: Ich wollte Lucie heute etwas Suppe zu essen bringen und sie war nicht mehr da. Ein Mann, so ein Nazi, hat gesagt, dass sie die Juden abgeholt haben.
Josef (nimmt seine Frau in den Arm): O nein! Die arme Lucie! Das habe ich kommen sehen. Die arme Lucie! Hat er gesagt, wohin sie sie gebracht haben?
Anne: Nein, nichts. Nur dass die Juden jetzt dort sind, wo sie hingehören …

Innerer Monolog
Der innere Monolog ist das Gegenteil eines Dialoges. Hier spricht eine Person quasi zu sich selbst, sie verarbeitet Erlebnisse, äußert Gefühle, fragt sich etwas, wägt verschiedene Handlungsmöglichkeiten ab oder macht sich Vorwürfe. Beim Theater dient der innere Monolog dazu, den Zuschauern Gefühle und Gedanken der Figuren zu vermitteln, da dies ja nicht durch einen Erzähler geschehen kann. Ein innerer Monolog vollzieht sich wirklich nur im Inneren einer Person, er kann also auch nicht von einer anderen Figur gehört werden.

Sprachliche Gestaltung
- Ich-Form
- Präsens
- keine Begleitsätze (z. B. „denke ich wütend").
- elliptische Sätze oder Aneinanderreihung von kurzen Sätzen (je nach Gefühlslage, z. B. bei hektischer oder emotional aufgewühlter Stimmung)
- Frage- und Ausrufesätze
- angepasster Sprachstil (z. B. Standardsprache mit Einfluss umgangssprachlicher Ausdrücke)
- Gedankensprünge (darauf achten, dass der Leser dem Inhalt trotzdem folgen kann)

12 Verfasse einen inneren Monolog der Mutter, als sie erfährt, dass Lucie Mannheimer deportiert wurde (T 2).

Was hat er gesagt? Sie haben sie abgeholt? Sie haben sie abgeholt! Nein! Das darf nicht sein! Sie haben sie abgeholt! Lucie, meine Lucie! Was haben sie nur mit dir gemacht? Diese Mistkerle! Wo haben sie dich nur hingebracht? Es tut mir so leid! Wieso habe ich denn nicht mehr unternommen? Ich hätte ein sicheres Versteck für sie finden müssen, anstatt sie einfach in ihrer Wohnung zu lassen. Die Leute haben doch schon lange gemunkelt, dass sie die Juden wegschaffen. In diese Arbeitslager, aus denen bisher niemand zurückgekehrt ist. Ich hätte es wissen müssen!

D 2.11 Den textgebundenen Aufsatz abrunden: Der Schlussteil

Im Schlussteil rundest du deinen Aufsatz ab und stellst deine **Meinung zum Text** dar. Wichtig dabei ist, dass du deine Position **ausführlich begründest**. Hierzu sollte deine Ansicht durch mehrere Argumente gestützt werden. Zudem macht es einen guten Eindruck, wenn du Begründungen aus unterschiedlichen Bereichen anführst (z. B. Inhalt, Sprache, Charaktere, Textsorte). Falls du auf spezielle Textstellen eingehst, z. B. sprachliche Besonderheiten, Eigenschaften einer Person, einen einzelnen Handlungsschritt, solltest du in Klammern die dazugehörige Zeilenangabe vermerken.
Sollte die Autorintention in der Aufgabenstellung nicht gefragt sein, ist es sinnvoll, wenn du im Schlussteil darauf eingehst und anschließend dazu Stellung nimmst. Zudem kannst du eine kurze Zusammenfassung deiner Ergebnisse formulieren oder kritisch Stellung nehmen, beispielsweise zur Textaussage.
Manche Lehrkräfte wollen, dass du eindeutig Position beziehst und dich für eine Seite entscheidest. Für andere Lehrkräfteist es in Ordnung, wenn du erklärst, was dir gefallen hat, aber auch, was du nicht so gut fandest. Am besten fragst du deine Deutschlehrkraft, welche Anforderungen er an den Schlussteil stellt.

1 Sammle nun stichpunktartig Ideen zu beiden Texten und schreibe unter das Plus (+), was dir gefallen hat, und unter das Minus (–), was dir nicht zugesagt hat. Es ist hilfreich, wenn du gleich Textstellen notierst, die du angeben möchtest. Versuche, bei deinen Überlegungen mehrere Bereiche (Textaussage, Inhalt, Sprache, Textsorte usw.) einzubeziehen.

	T1: „Instagram hat Maren magersüchtig gemacht“	**T2: „Berlin, Gormannstraße“**
+	*– Durch den szenischen Einstieg (Z. 1 – 5), kann man sich das zwanghafte Verhalten Marens gut vorstellen.*	*– interessante Perspektive eines Kindes*
–		

2 Verfasse nun mithilfe deiner Stichpunktliste einen Schlussteil zu einem Text deiner Wahl (T 1 oder T 2) und beziehe dabei eine eindeutige Position.

TIPP Formulierungshilfen

Folgende Wendungen können dir den Einstieg erleichtern:
- *Meiner Meinung nach ...*
- *Meines Erachtens ...*
- *Ich bin der Ansicht, dass ...*
- *Mir hat in dem Text gut / nicht so gut gefallen, dass ...*
- *Mich hat der Text weniger angesprochen, weil ...*
- *Der Text hat mir gezeigt, dass ...*

D 3 Einen vollständigen TGA verfassen

Schritt für Schritt zum TGA

Im Folgenden sollst du unter Anleitung einen vollständigen textgebundenen Aufsatz verfassen. Dazu erhältst du zu jedem Arbeitsschritt Tipps und Hilfestellungen, die dich beim Schreiben deines Aufsatzes unterstützen. Das Kapitel hilft dir dabei, den Ablauf bei der Bearbeitung der Prüfungsaufgaben zu verinnerlichen. Es geht also um das selbstständige Üben und nicht darum, einen Beispielaufsatz zum Thema zu analysieren. Falls du lieber mithilfe eines Aufsatzbeispiels lernen möchtest, findest du im Lösungsteil die aktuellen Prüfungsaufgaben mit Musterlösungen. Eine ausformulierte Lösung zu dieser Übungsaufgabe zum TGA findest du im Löser ab Seite 16.

Übungsaufgabe TGA

Ein Mann verlängert Bäumen das Leben *Sandra Dassler*

Kiefern, Birken, Eichen leiden immer mehr unter extremen Wetterlagen. Heiko Mehnert steigt hinauf, um durch spezielle Schnitte ihr Leben zu verlängern.

„Wer weiß, dass Bäume Schmerz empfinden und ein Gedächtnis haben und dass Baumeltern mit ihren Kindern zusammenleben, der kann sie nicht mehr so einfach fällen …“ (Peter Wohlleben: Das geheime Leben der Bäume)

Behutsam, fast zärtlich, legt Heiko Mehnert die Hand an die etwa 15 Meter hohe Kiefer und blickt nach oben. Dort hängt die Borke nur noch in dünnen Fetzen am Baum. Wie Pergamentpapier rascheln diese im Wind und machen dabei richtig Lärm, denn das gleiche Phänomen spielt sich an mehreren Kiefern in der Nähe ab.
„Da ist nichts mehr zu machen, leider“, sagt Heiko Mehnert zum Eigentümer des Wochenendgrundstücks im Wald bei Finsterwalde. „So schnell?“ – der Eigentümer ist fassungslos. Erst vor ein paar Tagen hat er das Rascheln der Baumrinde bemerkt und die Braunfärbung der Nadeln, die innerhalb kürzester Zeit abstarben. […]

Das Pflegen in der Höhe

Jedenfalls hat Heiko Mehnert eine solche Situation noch nicht erlebt, seit er vor mehr als 15 Jahren als Baumpfleger in der Umgebung seines Heimatortes Ponnsdorf bei Finsterwalde zu arbeiten begann. Die meisten nennen ihn allerdings Baumkletterer, weil die Pflege vor allem in großer Höhe geschieht: 20, 30, manchmal gar 40 Meter über der Erde.
Der seltene Beruf passt zu ihm, denn er liebte schon immer die Natur und arbeitete als gelernter Zimmermann auch mit Holz. […] Heiko Mehnert war jung, schwindelfrei, fand die Idee interessant und im bayerischen Freising einen Meister. Der brachte ihm bei, wie man mit Steigeisen und Seilen ganz nach oben kommen und durch spezielle Schnitte den Bäumen zusätzliche Lebenszeit schenken kann. Und wie man einen Baum, wenn er nicht mehr zu retten ist, behutsam von oben abtragen kann. […]
Doch seit 2017 drei gewaltige Stürme den Süden Brandenburgs heimsuchten, muss Heiko Mehnert vor allem Bäume fällen. Die Stürme hätten den Stress,

dem Brandenburgs Wälder durch Monokulturen und einseitige Orientierung auf Vermarktung ausgesetzt seien, noch verstärkt, sagt er. Vor allem im Süden des Landes müssten sie neben dem ohnehin belastenden Klimawandel mit einer weiteren drastischen Veränderung der Umweltbedingungen klarkommen: dem steigenden Grundwasserspiegel. [...]

Trockenheit macht den Bäumen zu schaffen

Leider wird das eine Übel, das steigende Grundwasser, nicht durch das andere Übel, die monatelange Trockenheit, ausgeglichen. Nicht nur Heiko Mehnert, auch vielen anderen Menschen fallen derzeit die bräunlichen, schlaffen, absterbenden Bäume an Alleen, Bahngleisen, Waldrändern, ja sogar in Pflanzschulen auf.

Während man bei den zuständigen Behörden in Potsdam trotz Bränden und Stürmen noch gelassen meint, Brandenburg habe genügend Wald, sieht man das im Landeskompetenzzentrum Forst in Eberswalde etwas anders. Dessen Leiter Michael Luthardt ist besorgt über die Schadensmeldungen, die täglich zunehmen. „Wir hatten – vor allem im Süden des Landes – fast sechs Monate hochsommerliche Hitze und Trockenheit. Darauf sind unsere Wälder nicht eingestellt“, sagt er. Und ist überzeugt: „Das dicke Ende kommt noch. Im nächsten Jahr werden die Schäden erst richtig sichtbar.“

Dass Bäume – auch um miteinander zu kommunizieren – bestimmte Duftstoffe absondern, ist bekannt und hat den neuen Gesundheitstrend des sogenannten Waldbadens befördert. Das gilt aber leider auch, wenn Bäume unter Stress geraten, erklärt Michael Luthardt: „Das kann man sich in etwa wie Angstschweiß vorstellen – und der wiederum lockt alle Arten von Schädlingen an, die den in ihrer Widerstandskraft geschwächten Bäumen dann den Rest geben.“ [...]

Viele geben den Beruf nach einigen Jahren auf, weil ihr Körper nicht mehr mitmacht. „Auch deshalb muss man wissen, was man sich zumuten kann“, sagt der 43-Jährige: „Und zweimal in der Woche Physiotherapie sowie Sauna muss einfach sein.“ Auf dem Beifahrersitz seines Transporters liegt eine Hörbuch-CD von Peter Wohlleben: „Das geheime Leben der Bäume“. „Ich find’ es ziemlich interessant“, sagt Heiko Mehnert: „Nur dieses ganze Spirituelle ist nicht so mein Ding.“

Spricht’s und schwärmt im nächsten Moment, dass jetzt die schönste Zeit im Wald beginnt: „Der Altweibersommer. Wenn die Tautropfen am Morgen in den Spinnweben hängen und von der schon tief stehenden Sonne in so ein zauberhaftes Licht getaucht werden ...“

Quelle: Sandra Dassler: Ein Mann verlängert Bäumen das Leben. In: Der Tagesspiegel, 23.09.2018. Online unter: https://www.tagesspiegel.de/berlin/reportage-aus-brandenburg-ein-mann-verlaengert-baeumen-das-leben/23101790.html (Stand: 16.02.2019)

Aufgabe

1 Lies dir den Text „Ein Mann verlängert Bäumen das Leben“ aufmerksam durch und bearbeite dann die folgenden Aufgaben.

1. Fasse den Textinhalt so zusammen, dass der innere Aufbau klar erkennbar wird.
2. Untersuche auffällige sprachliche Mittel und beschreibe deren Wirkung.
3. Bestimme die Textsorte und begründe deine Zuordnung.
4. Manche Menschen halten Waldbaden nicht nicht für einen Trend, sondern sehen darin eine sinnvolle, wichtige Freizeitbeschäftigung. Nehmen Sie dazu ausführlich (etwa 200 Wörter) Stellung.
5. „Der Altweibersommer. Wenn die Tautropfen am Morgen in den Spinnweben hängen und von der schon tief stehenden Sonne in so ein zauberhaftes Licht getaucht werden ...“ (Z. 66 – 68). Schildern Sie anschaulich, wie Sie im Spätsommer einen Waldspaziergang machen, indem Sie die Worte des Baumkletterers als Beginn Ihrer Erzählung verwenden.

Schritt 1
In der **Einleitung** machst du Angaben zu der Autorin, dem Titel und der Textsorte und fasst die zentrale Aussage des Textes in einem Kernsatz zusammen.

Beispiel für eine mögliche Einleitung:
Die Reportage „Ein Mann verlängert Bäumen das Leben“ wurde von Sandra Dassler verfasst und erschien am 23. September 2018 in der Zeitung „Der Tagesspiegel“. Die Autorin ist als Lokalredakteurin für den Tagesspiegel vor allem in Brandenburg tätig. In dem vorliegenden Text stellt sie einen Baumpfleger vor, der es sich zur Aufgabe gemacht hat, sich besonders um alte, kranke Bäume zu kümmern und sie mit speziellen Techniken möglichst lange am Leben erhalten möchte.

Schritt 2
Die Aufgabe 1, so über den **Inhalt des Textes** zu informieren, dass der Textaufbau klar erkennbar wird, verlangt von dir konkret, dass du die Sinnabschnitte des Textes herausarbeiten sollst. Wichtig ist dabei, mittels Zeilenangaben auf die jeweiligen Textstellen zu verweisen.

Mögliche Sinnabschnitte dieses Textes:
Vorspann (Z. 1 – 6):
- Begründende Erklärung der Unterzeile
- Einordnung des Themas in Form eines Zitats

Einstieg
1. Sinnabschnitt (Z. 7 – 16):
- Einstieg
- Begleitung des Baumpflegers
- Beobachtung und Beschreibung der Tätigkeiten bei einem Kunden

Hauptteil
2. Sinnabschnitt (Z. 17 – 29):
- Werdegang des vorgestellten Baumpflegers
- Darlegung der Anforderungen eines Baumkletterers
3. Sinnabschnitt (Z. 30 – 42):
- Darstellung der aktuellen Schadenslage in den Wäldern Brandenburgs
- Erwähnung der veränderten Umweltbedingungen

4. Sinnabschnitt (Z. 43 – 56):
- Wissenschaftliche Einordnung der Schadensmeldungen
- Erklärung und Folgen der Tatsache, dass es im Wald duftet

Abrundung
5. Sinnabschnitt (Z. 57 – 67):
- Persönliche Stellungnahme zu diesem Berufsbild
- Bezug zum anfänglich erwähnten Zitat und Nennen der Quelle

Schritt 3

Für Aufgabe 2, die **Untersuchung auffälliger sprachlicher Mittel** und deren **Wirkung**, solltest du dir im Vorfeld der Prüfung bereits ein breites Wissen zu diesem Thema aneignen. Im Kapitel D 2.4 „Die Sprache analysieren" findest du dazu zahlreiche Informationen und Beispiele. Hilfreich bei der Sprachanalyse ist der Einsatz von Farben: Markiere dir im Text zunächst sprachliche Auffälligkeiten mit einem Textmarker und mache dir auf dem Konzeptpapier Notizen zur Wirkung der jeweiligen Beispiele. Prinzipiell kannst du bei der Sprachanalyse immer die drei Bereiche **Wortwahl**, **Satzbau** und **Stilmittel** als Grundgerüst verwenden. Zu jedem dieser Bereiche solltest du mehrere überzeugende Beispiele finden. Sprachliche Besonderheiten dieses Textes sind z. B. folgende:

Wortwahl
- Alltagssprache mit einigen benutzten Fremdwörtern: zeigt Kompetenz der Verfasserin, wirkt sachlich, Autorin erzeugt Realitätsnähe durch emotionales Interview, Text ist gut verständlich
- Fachbegriffe und Fremdwörter bei der Äußerung durch Experten: zeigt gründliche Recherche und die Kompetenz der interviewten Personen
- lebendige sowie anschauliche Adjektive zur intensiven und realistischen Darstellung der Situation der Bäume

Satzbau
- überwiegend parataktischer Satzbau: breite Leserschaft kurz und prägnant ansprechen
- Satzreihen: wirken eintönig, ernüchternd, schildern bedrückende Fakten, stellen emotionale Aufgebrachtheit des Baumpflegers dar
- zahlreiche Ellipsen vor allem bei wörtlicher Rede: Verdeutlichung einzelner inhaltlicher Aspekte
- überwiegend Aussagesätze: sachliche Beschreibung der Problematik

Stilmittel
- Wiederholung: nachdenkliches Reflektieren über die Gründe des schlechten Zustands der Bäume, z. B. „wird das eine Übel […] nicht durch das andere Übel […] ausgeglichen." (Z. 38 f.)
- indirekte und direkte Rede: zur wörtlichen Wiedergabe von wichtigen Meinungen, z. B. „Brandenburg habe genügend Wald" (Z. 44) und „‚Das dicke Ende kommt noch.“ (Z. 49 f.)
- Vergleich: anschauliche Darstellung der geschädigten Bäume, z. B. „Wie Pergamentpapier rascheln diese im Wind" (Z. 9), dient der Verstärkung des gewünschten Eindrucks
- Parenthesen: Hervorhebung spezieller Inhalte durch Unterbrechung des Redeflusses, z. B. „‚Wir hatten – vor allem im Süden des Landes – fast sechs Monate hochsommerliche Hitze […]“ (Z. 47 f.)
- Aufzählung: auffällige Darstellung von wichtigen Fakten, z. B. „Kiefern, Birken, Eichen leiden" (Z. 1) und „20, 30, manchmal 40 Meter" (Z. 22)
- Personifikation: Bäume werden auf dieselbe Ebene wie Menschen gestellt, z. B. „dass Bäume Schmerz empfinden" (Z. 4) oder „Dass Bäume […] kommunizieren" (Z. 51)

Schritt 4
Aufgabe 3 verlangt von dir, die **Textsorte** genau zu bestimmen. Dazu ist es hilfreich, sich schon während des ersten Lesens sprachliche Auffälligkeiten anzustreichen und zu sammeln. Anschließend vergleichst du die gefundenen Merkmale mit deinem Vorwissen zu den einzelnen Textsorten (siehe Kapitel D 2.3 „Die Textsorte bestimmen").
Im Aufsatz führst du zu jedem Merkmal die entsprechenden Stellen im Text sowie eine knappe Erläuterung dazu an. Die richtige Zitierweise kannst du unter Kapitel B 5 „Aussagen mit Textstellen belegen" nachschlagen. Denke daran, dass alle Prüfungstexte „echte Texte" und keine Musterbeispiele sind. Sie wurden nicht für die Schule, sondern für reale Leser geschrieben und enthalten somit zwangsläufig nicht immer alle auf eine Textsorte zutreffenden Merkmale.
In einigen der letzten Prüfungen musste die Textsorte übrigens nicht mehr bestimmt werden, sondern war schon vorgegeben und sollte nur noch begründet werden.

Hinweise, dass es sich bei diesem Text um eine Reportage handelt:
- lebendiger Anfang / konkrete Situation: Autorin und Baumpfleger im Garten eines Kunden, detailgenaue Schilderung des Zustandes der Bäume (Zoomtechnik)
- subjektiv-schildernde Passagen: persönliche Einschätzung des Baumpflegers
- sachlich-informierende Textteile: Aussagen der interviewten Experten
- wertende Meinungsäußerung der Autorin: Verurteilung der Einstellung der Behörden
- Perspektivenwechsel durch Befragung von Experten und Betroffenen: verschiedene Äußerungen zum Thema
- Tempuswechsel: Aspekte zum Thema in unterschiedlichen Zeitstufen

Schritt 5
Aufgabe 4 verlangt von dir eine Stellungnahme, indem du dich erörternd mit dem vorgegebenen Thema beschäftigst. Dazu formulierst du einige vollständige Argumente. Lies dir dazu nochmals das Kapitel D 2.9 „Erörterungsaufgaben" durch.
Einen ausformulierten Lösungsvorschlag hierzu findest du im Lösungsheft auf Seite 17.

Schritt 6
Aufgabe 5 verlangt von dir eine anschauliche Erzählung, in der du schildernd eine bestimmte Atmosphäre ausdrückst. Dabei steht nicht die Handlung, sondern die detailgenaue Vermittlung des Geschehens im Vordergrund. Genaueres zu dieser Aufgabenform findest du im Kapitel D 2.10 „Kreative Produktionssaufgaben".
Einen ausformulierten Lösungsvorschlag hierzu findest du im Lösungsheft auf Seite 17.

Schritt 7
Um deinen TGA mit einem würdigen **Schluss** abzurunden, muss dein Schlussgedanke ebenso überzeugend wie der restliche Aufsatz sein. Welche Schlussvariante du wählst, ist natürlich vom Textinhalt abhängig. Grundsätzlich bietet es sich aber an, die wichtigsten Textaussagen nochmals zusammenzufassen oder auch deine eigenen Erfahrungen zum Thema einfließen zu lassen. Eine gute Möglichkeit, Ideen für einen Schluss zu sammeln, ist im Kapitel D 2.11 dargestellt.
Wie ein passender Schluss zu dieser Aufgabe gestaltet sein könnte, siehst du im Lösungsheft ab Seite 17.

Original-Prüfungsaufgaben 2021
Aufgabengruppe A: Erörterung

Erörterung mit Informationsmaterial: Thema 6: Homeoffice

Prüfungsdauer: 240 Minuten

In vielen Berufen gibt es die Möglichkeit zum Homeoffice. Erörtern Sie die Vorteile und mögliche Probleme.*

Gehen Sie zur Bearbeitung des Themas zunächst das vorliegende Material durch und überlegen Sie sich, welche Informationen Sie für Ihren Aufsatz verwerten möchten. Das Material dient zur Ergänzung Ihrer eigenen Ideen. **Es muss jedoch deutlich erkennbar sein, dass Teile des Materials in die Bearbeitung mit einbezogen wurden**. Falls Sie Textstellen wörtlich übernehmen bzw. angegebene Daten oder Aussagen verwenden, müssen Sie dies in Ihrem Aufsatz angeben.

MATERIAL 1 Statistik

Unternehmensumfrage:
Arbeiten einzelne Mitarbeiter ganz oder teilweise vom Homeoffice aus?

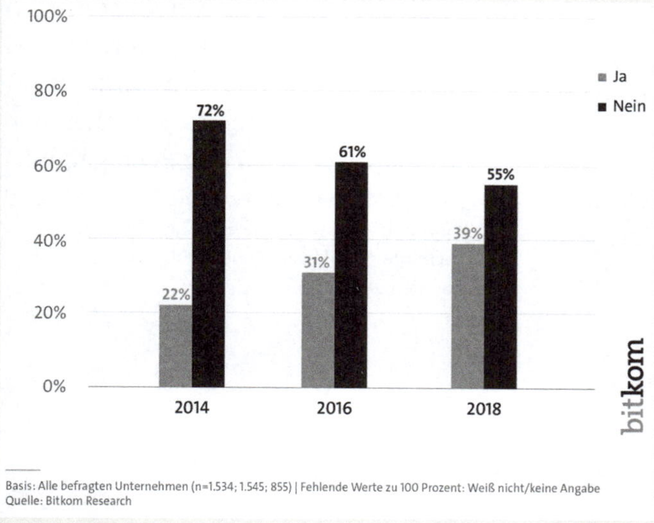

Quelle: Bitkom Research (2019), www.bitkom.org

MATERIAL 2 Begriffserklärung

Homeoffice, auch Telearbeit genannt, ist eine flexible Arbeitsform, bei der die Beschäftigten ihre Arbeit vollumfänglich oder teilweise aus dem privaten Umfeld heraus ausführen.

Quelle: Haufe-Lexware GmbH & Co. KG, Freiburg

* **Quelle:** Bayerisches Staatsministerium für Bildung und Kultus, Wissenschaft und Kunst

MATERIAL 3 Studienergebnisse

Nach einem Gutachten des Instituts für angewandte Arbeitswissenschaft (ifaa) von 2019 könnten rund 4,5 Milliarden Kilometer an Pendlerstrecke und ca. 850 Millionen Kilogramm CO_2 pro Jahr eingespart werden, wenn 10 % der Erwerbstätigen in Deutschland einen Tag in der Woche von zu Hause aus arbeiten würden. Bei 20 % wären es schon 1,7 Milliarden Kilogramm.

Quelle: nach www.tagesspiegel.de

Forscher der Universität Stanford fanden 2015 heraus, dass sich Berufstätige aus dem Homeoffice nicht nur seltener krankmeldeten, weniger Pausen einlegten und weniger häufig kündigten, weil sie mit ihrer Arbeit zufriedener waren als die Vergleichsgruppe, die weiter ins Büro musste. Diejenigen, die zu Hause arbeiteten, waren auch um 13 % produktiver als die anderen.

Quelle: nach Süddeutsche Zeitung

Einer Umfrage des wissenschaftlichen Instituts der AOK (WIdO) aus dem Jahr 2019 zufolge schätzen viele am Homeoffice, selbstständiger planen zu können. Knapp drei Viertel der Befragten gaben an, zu Hause konzentrierter zu arbeiten. Auch die flexiblen Arbeitszeiten und -orte seien ein Vorzug. Die Belange des Familienlebens könnten so besser in den Alltag integriert werden.

Quelle: nach AOK-Bundesverband GbR, Berlin (https://www.aok-bv.de/presse/pressemitteilungen/2019/index_22652.html)

MATERIAL 4 Schlagzeilen

Homeoffice kann so schön sein! Solange die Technik mitspielt
Quelle: www.merkur.de

Haushalt und Beruf – Homeoffice kann zur Doppelbelastung werden
Quelle: www.handelsblatt.de

Datensicherheit im Homeoffice oftmals unterschätzt
Quelle: www.mdr.de

Die Snackfalle
Häufiges Naschen führt schnell zu Gewichtszunahme. Gerade wer von zu Hause aus arbeitet, läuft Gefahr, dauernd zum Kühlschrank zu gehen.
Quelle: www.sueddeutsche.de

MATERIAL 5 Karikatur

NEUHEIT! Homeoffice Panic Room

Quelle: www.cloud-science.de

MATERIAL 6 Aussagen von Arbeitgebern

„Geringerer Platzbedarf, niedrigere Ausgaben für Strom, Wasser und andere Fixkosten, weniger Fahrtkostenzuschüsse – seitdem wir Telearbeit anbieten, sparen wir Geld."

„Wir ermöglichen Frauen – und auch immer mehr Männern – nach der Familiengründung ins Homeoffice zu wechseln. So binden wir qualifizierte Mitarbeiter."

„Vertrauen ist gut, Kontrolle ist schwierig, aber möglich. Das muss man eben lernen."

„Dank Telearbeit ist unser Unternehmen mit Sitz in München auch für Mitarbeiter aus entfernteren Regionen attraktiv."

MATERIAL 7 Information einer Versicherung

Wenn sich ein Mitarbeiter im Büro einen Kaffee holt und stürzt, ist das ein Arbeitsunfall. Wenn das Malheur aber auf dem Weg von der heimischen Küche zum Schreibtisch passiert, hat man laut R+V Versicherung Pech gehabt.

Quelle: Constantin Gillies, Judith Bexten & Sabine Philipp: Homeoffice: Die 5 wichtigsten Vor- und Nachteile. VDI Verlag GmbH, Düsseldorf (www.ingenieur.de)

MATERIAL 8 Diagramm – Ergebnisse einer Arbeitnehmerbefragung

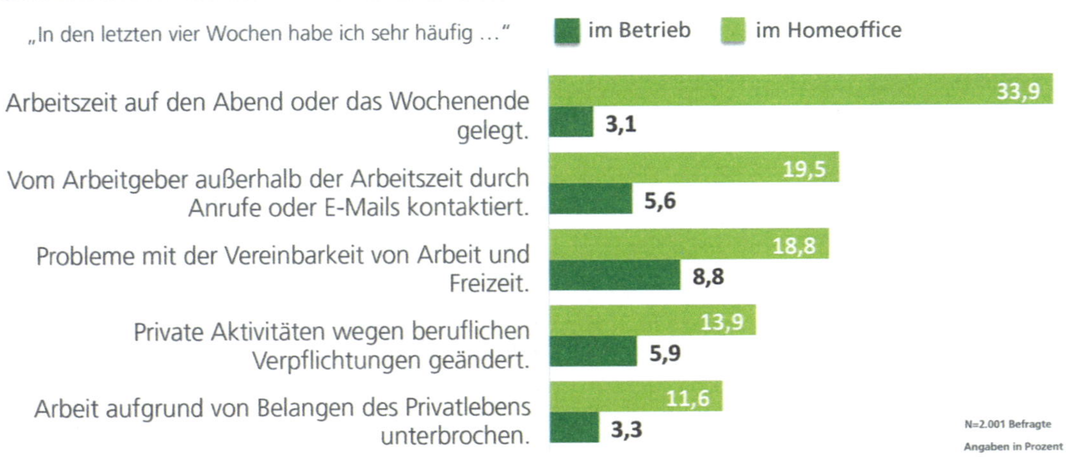

Quelle: Fehlzeiten-Report 2019, Grafik: AOK-Mediendienst

MATERIAL 9 Erfahrungsbericht

[...] Homeoffice – darauf waren viele in meinem Freundeskreis sofort neidisch. Ich müsse mir zum Arbeiten nicht mal eine Hose anziehen, sagten einige. Niemand merke, wenn ich einfach einen Tag lang nichts leiste. Mein Bett könne mein Arbeitsplatz sein usw. [...]
Meinen ersten Homeoffice-Tag machte ich, weil Maler das Bad meiner Wohnung streichen mussten. Den Termin konnte ich nicht verschieben. Hätte ich nicht zu Hause gearbeitet, hätte ich mir extra einen Tag Urlaub nehmen müssen. [...]
Pünktlich um 8:30 Uhr saß ich am Esstisch vor dem Laptop. [...] Im Büro bringt mir der Austausch mit meinen Kolleginnen und Kollegen sehr viel. Wenn ich mal nicht weiterweiß, frage ich jemand um Rat. Als ich zu Hause nicht vorankam, saß ich mit leerem Blick am Esstisch. Ich fühlte mich allein. Also machte ich mir noch einen Kaffee, schaute bei den Handwerkern vorbei und setzte mich wieder vor meinen Laptop. [...]
Im Homeoffice vermischte sich mein privates Freiheitsgefühl mit meinem Arbeitskosmos. Da, wo ich normalerweise entspanne und esse, musste ich auf einmal hoch konzentriert arbeiten. Irgendwie war ich langsamer als sonst. [...] Im Laufe des Nachmittags wurde mir klar, dass ich mit meiner Arbeit nicht – wie sonst – um 18 Uhr fertig sein würde. [...] Immerhin hatte ich mir den Arbeitsweg gespart. So redete ich mir den verpatzten Feierabend schön. [...]
Manchmal macht Homeoffice aber auch einfach Sinn. Weil man um 15 Uhr schon die Kinder von der Kita abholt. Oder weil man, wie ich, die Wohnungstür für die Handwerker aufmachen muss. Dann ist es eine geschickte Lösung. [...]

Quelle: Maximilian Senff: Homeoffice ist das schlimmste Office. Aus: DER SPIEGEL, 19.02.2020. Online unter: https://www.spiegel.de/start/home-office-arbeit-von-zu-hause-aus-ist-anstrengend-a-9b8efc2c-f105-419c-a346-105c32afee01 (Stand: 01.03.2022)

MATERIAL 10 Unternehmerinformation

Tipps fur Arbeitgeber

→ Produktivitatsvorgaben machen und Regeln fur Anmeldung und Abmeldung am Homeoffice-Arbeitsplatz festsetzen
→ klare Regeln und Maßnahmen fur Datensicherheit und Datenschutz aufstellen
→ Teambuildingmaßnahmen gegen die Isolation einsetzen; auch hier helfen digitale Kommunikationstools
→ Regeln fur die interne Kommunikation aufstellen: Wann muss wer wie erreichbar sein? Findet ein regelmäßiger Austausch zwischen Mitarbeitern im Homeoffice und Zentrale statt?
→ kombinierte Arbeitsmodelle anbieten: beispielsweise drei Tage Homeoffice und zwei Tage Arbeit in der Zentrale

Quelle: René Klein: Homeoffice: Voraussetzungen, Vorteile und Tipps. Passion4Business GmbH, Berlin (www.fuer-gruender.de)

Aufgabengruppe B: Textgebundener Aufsatz

Thema 7: „Lost in Translation“ (Tobias Haberl)

Prüfungsdauer: 240 Minuten

TEXT **Lost in Translation (2020)** *Tobias Haberl*

Künstliche Intelligenz hat Übersetzungsprogramme so verbessert, dass man vielleicht bald keine Fremdsprachen mehr lernen muss. Das macht Verständigung leichter – aber wohl auch viel schwieriger.

Vor Kurzem beobachtete ich in Hamburg die kuriose Unterhaltung eines koreanischen Rucksacktouristen mit einem Hotelangestellten. Immer wieder sprach einer der beiden in ein Mobiltelefon, wartete kurz, scannte das Display, reichte es dem jeweils anderen über die Rezeption hinweg, der seinerseits etwas hineinsprach, wartete, scannte und so weiter. Es war offensichtlich, dass der eine kein Deutsch und der andere kein Koreanisch sprach, und obwohl die beiden kein einziges Wort miteinander wechselten, dauerte das Gespräch mehrere Minuten. Alle anderen Gäste schauten routiniert durch die Gegend, nur ich verfolgte die Szene halb verdutzt, halb skeptisch, als hätte sich für einen Moment ein Spalt in die Zukunft aufgetan. Bis heute denke ich darüber nach, ob ich mich darauf freuen soll. Natürlich weiß ich, dass es digitale Übersetzungsprogramme gibt, die passabel funktionieren. Meine Kolleginnen und Kollegen arbeiten im Büro damit, einige Freunde auf Reisen. Trotzdem hatte ich sie nie richtig ernst genommen. Meistens hatte man mir erzählt, was sie alles nicht können, dass sie etwa „waterproof“ mit „Wasser-Beweis“ übersetzen.
In den vergangenen Jahren wurde einiges verbessert. Seitdem Tech-Firmen ihre Algorithmen mit riesigen Datensätzen (zum Beispiel sämtlichen UNO-Protokollen seit 1945) trainieren, nähern sich die Resultate der Qualität menschlicher Übersetzungen gnadenlos an.
In der Forschung glauben manche, dass es nur noch ein paar Jahre dauern wird, bis wir uns mit Hilfe von Übersetzungs-Apps zumindest in den gängigsten Sprachen der Welt flüssig unterhalten werden, ohne je einen Sprachkurs besucht zu haben. Der Physiker Ulrich Eberl geht davon aus, dass wir in gar nicht so ferner Zukunft eine winzige Maschine im Ohr mit uns herumschleppen werden, die Gespräche in Echtzeit übersetzt.
Ich habe mit Kollegen und Freunden über diese Aussichten gesprochen. Fast alle freuen sich darauf, manche können es kaum erwarten. „Nie mehr Vokabeln büffeln“, jubelte einer. Eine Freundin meinte, es sei doch toll, wenn man sich auf Reisen nicht mehr hilflos fühlen müsse. Überhaupt würden die Menschen zusammenrücken, ach, die ganze Welt würde zusammenwachsen, wenn endlich jeder mit jedem spontan ins Gespräch kommen könne.
Sagen wir so: Ich verstehe, was diese Menschen meinen, ich fände es sogar schön, wenn sie recht hätten. Trotzdem bin ich skeptisch, was auch daran liegt, dass ich mich gut an das Versprechen erinnere, soziale Netzwerke würden unsere Welt gerechter und demokratischer machen. Es führt nun mal nicht notwendigerweise zu Verständnis und Toleranz, wenn Barrieren fallen und Fremdheit abgebaut wird, sondern oft auch zu Chaos, Banalität und Missverständnissen.

TEXT

Zweifellos werden Übersetzungsprogramme unsere Art zu reisen, zu arbeiten und zu kommunizieren schneller und effizienter machen. Natürlich weiß ich, wie ohnmächtig man sich fühlen kann, wenn man eine Sprache nicht oder kaum beherrscht. Immer bleibt eine Lücke, eine Distanz, die sich nicht überbrücken lässt, immer fühlt man sich in der eigenen Sprache und Herkunft gefangen. Und ja, es klingt verlockend, solche Momente hinter sich zu lassen. Für Menschen, die nie die Möglichkeit hatten, eine Fremdsprache zu lernen, käme es einer Erlösung gleich. Und dann erst die ökonomischen Vorteile: Freiberufler könnten ihre Dienste weltweit anbieten, internationale Konferenzen effektiver ablaufen, Forschungsergebnisse problemlos ausgetauscht werden. Ganz sicher ließen sich Profite steigern und Kosten sparen.
Schon möglich, dass ich schlecht darin bin, mir die digitalisierte Zukunft anders als dystopisch[1] vorzustellen, aber ich habe nun mal die Ahnung, dass wir einen Preis für diesen technischen Fortschritt bezahlen müssen. Es ist ja meistens so, dass man durch die Lösung eines Problems ein neues produziert, dass man, wenn man etwas gewinnt, immer auch etwas verliert.
Solange ich denken kann, haben mich Sprachen und Fremdheit fasziniert. Den Graben, der damit verbunden ist, habe ich immer als geheimnisvoll empfunden. Ich mag die Vorstellung, dass es beschwerlich ist, sich anderen Menschen, Ländern und Kontinenten zu nähern. Es erscheint mir sinnhaft, wenn zwischen kulturellen Erfahrungen eine Distanz liegt, die nicht anstrengungslos zu überwinden ist, und sei es, dass man dafür jahrelang Vokabeln lernen muss. Nur durch die Auseinandersetzung mit einer Sprache bekommt man ein Gefühl für das Schicksal und die Mentalität von Menschen. Dazu kommt die tiefe Befriedigung, ja das kindliche Glück, wenn man Erlerntes zum ersten Mal erfolgreich anwenden darf: Nie werde ich vergessen, wie stolz ich war, als ich mit 15 in Paris die erste Bouillabaisse[2] meines Lebens bestellte – und der Ober mich weder auslachte noch ungläubig anstarrte, sondern ganz selbstverständlich Notizen machte.
Es sind diese Verletzlichkeit und die Erfahrung, sich mit Charme oder Fantasie verständlich zu machen, obwohl man eine Sprache nicht spricht, die Reisen erst aufregend machen. Als Junge fand ich Urlaube mit meinen Eltern vor allem deswegen spannend, weil ich nichts verstand. Wenn ich im Hotelzimmer den Fernseher anmachte, sah ich Bilder, verstand aber nichts, und das war aufregend, weil mich erst dieses Nichtverstehen begreifen ließ, was es bedeutet, woanders zu sein als zu Hause. Im Nachhinein kommt es mir vor, als hätte diese Distanz nicht zu Hilflosigkeit geführt, sondern zu einer Wachheit und Gegenwärtigkeit, zu Respekt und Neugierde. Hier hatte ich Augen und Ohren aufzumachen, hier gab es Neues zu entdecken. Und mal nicht zu wissen, wie die Dinge laufen, mal nicht souverän und selbstsicher zu sein, sondern abzuwarten und zu beobachten, schadet niemandem.
„Was uns antreibt, ist die Idee, es Menschen zu ermöglichen, miteinander zu sprechen", sagt Jaroslaw Kutylowski, Geschäftsführer eines deutschen Start-ups für Übersetzungsprogramme. Er glaube, das Verständnis der Menschen füreinander werde stärker, wenn sie sich austauschen könnten. Ich glaube, dass Toleranz nicht entsteht, indem wir Fremdheit abschaffen, sondern indem wir uns ihr aussetzen und versuchen, uns in fremde Orte und Menschen einzufühlen.
Meine erste große Liebe dauerte nur ein paar Tage. Sie war zehn Jahre alt, hieß Francesca, und ihren Eltern gehörte das Hotel, in dem ich meine Sommerferien

TEXT

verbrachte. Wir trafen uns jeden Abend auf der Hollywoodschaukel. Ich hielt ihre Hand, sie lächelte mich an, es war perfekt. Am Tag der Abreise gab ich ihr einen Kuss auf die Wange, stieg ins Auto meiner Eltern und versuchte 700 Kilometer lang nicht zu weinen. Ob wohl wir kein Wort gewechselt hatten, gehören die wenigen Stunden, die wir miteinander hatten, zu den gelungensten meines Lebens. Heute säßen Francesca und ich mit dem Handy auf der Hollywoodschaukel. Wir würden uns Videos vorspielen und immer wieder Sätze in unsere Telefone sprechen, die wir uns übersetzen ließen – aber wären wir glücklicher?

1 **dystopisch:** *hier:* düster

2 **die Bouillabaisse:** französisches Fischgericht

Textquelle: Tobias Haberl: Lost in Translation. Süddeutsche Zeitung Magazin vom 02.07.2020 (Text zu Prüfungszwecken gekürzt und verändert). Online unter: https://sz-magazin.sueddeutsche.de/wissen/deepl-uebersetzung-88930?reduced=true (zuletzt aufgerufen am 10.10.2021)

AUFGABENSTELLUNG*

1 Lesen Sie den Text „Lost in Translation“ sorgfältig durch und bearbeiten Sie dann die folgenden Aufgaben.

1. Fassen Sie den Inhalt des Textes so zusammen, dass dessen Aufbau erkennbar wird.
2. Weisen Sie nach, dass es sich um einen subjektiven, meinungsbetonten Text handelt. Berücksichtigen Sie dabei auch die möglichen Absichten des Verfassers.
3. Beschreiben Sie auffällige sprachliche Mittel und deren Wirkung.
4. Erörtern Sie, warum das Erlernen von Fremdsprachen eine große Bedeutung hat.
5. Erzählen Sie eine unterhaltsame Geschichte, wie sich die Begegnung zwischen Francesca und dem Autor (vgl. Z. 92 – 102) abgespielt hätte, wenn sie bereits Übersetzungsprogramme genutzt hätten.

* **Quelle:** Bayerisches Staatsministerium für Bildung und Kultus, Wissenschaft und Kunst

Anmerkung der Redaktion: Wir haben die Aufgabenstellung der Abschlussprüfung 2021 minimal an das Format Ihrer kommenden Abschlussprüfung 2022 angepasst und beide weiterführenden Aufgaben als Pflichtaufgaben abgedruckt und sie beispielhaft gelöst.

Thema 8: „Am Strand" (Reinhold Ziegler)

Prüfungsdauer: 240 Minuten

TEXT **Am Strand** *Reinhold Ziegler (1955 – 2017)*

Sie hatte nie daran gedacht, eines Tages wieder zu diesem Strand zurückzukommen. Langsam trat sie zwischen den Dünen auf die Sandfläche hinaus, erkannte die kleine Felseninsel wieder, die Wellenbrecher, das salzige Wasser und den Geruch.

Die Sonne fehlte. Nebeltröpfchen hatten den Sand dunkel gefärbt, nur dort, wo ihre Füße die Oberfläche zerstörten, kam das gleißende Weiß ihrer Erinnerung zum Vorschein. Die Sonne fehlte – und er. Diesmal war sie allein.

Vorsichtig zog sie die Schuhe aus, ließ sie einfach stehen und lief langsam weiter dem Wasser entgegen. Sie versuchte, jeden Schritt zu spüren, das Eindringen des kalten, feuchten Sandes zwischen die Zehen, die kleinen Stiche der Muschelscherben.

Sie konnte sich nicht erklären, warum sie gekommen war. Es kam ihr vor, als habe sie dieses Stückchen Paradies heute so zufällig gefunden wie damals. Oder sollte sie zugeben, dass sie es gesucht hatte, lange Jahre, zwischen all den Tagen und Gedanken, immer nach diesem Strand gesucht hatte? Waren es fünfzehn Jahre, zwanzig? Sie wollte sich nie Sentimentalitäten erlauben, doch warum war sie dann gefahren, einen Tag und eine Nacht, wie angezogen von einem Magneten?

Am Horizont riss der Nebel ein wenig auf, ein paar tiefblaue Fetzen kamen zum Vorschein. Irgendwo dort würde die Sonne aufgehen, eine raue Wintersonne, nicht so rau wie daheim, aber sicher auch nicht so schmeichelnd und sanft, wie sie damals gewesen war.

Sie war müde von der Fahrt, setzte sich kurz in den Sand, stand aber gleich wieder auf. Sie hasste es, wenn Sand in die Kleider drang. Sand war etwas für Füße. Es müsste Schuhe geben aus Sand, dachte sie.

Warum ging hier die Sonne auf, war das nicht eine Westküste? Die Sonne geht im Osten auf, oder? Sie war übermüdet und verwirrt von der langen Fahrt, versuchte, Karten im Kopf zu drehen – oder doch eine Ostküste?

Ist doch egal, hörte sie ihn sagen. Sie geht auf und unter, mit uns und ohne uns. Aber ihr logischer Verstand konnte Verwirrung nicht zulassen, sie wollte immer alles verstehen. Ihm konnte so vieles egal sein; all die Jahre waren ihm Dinge unbegreifbar und es störte ihn nicht.

Ja, sie waren sich beide oft unbegreifbar, der eine dem anderen und der andere dem einen. Das störte sie, aber ihm war es egal.

Sie ging näher zum Wasser, erlaubte dem kalten Meer, ihre Füße zu berühren, ließ ihre Zehen mit den kleinen Schaumkronen spielen, bis eine größere Welle sie überraschte und ihr die Hose bis zum Knie durchnässte.

„Pass doch auf!", sagte sie ärgerlich zu sich selbst. Pass doch auf! Wie sie es zu den Kindern sagte oder auch zu ihm. Pass doch auf! Als wären nasse Hosen etwas Schlimmes. Und sah sein Schulterzucken, hörte sich schon streiten, über Worte wie: unvermeidbar, unwichtig.

Gebückt ging sie über den Strand, hielt Ausschau nach diesen seltsamen Muscheln, die sie Glücksringe getauft hatten, nahm unwillkürlich die Hände

TEXT

auf den Rücken dabei, stolzierte wie ein Hahn auf der Suche nach einem Korn über den Strand. Sah sich, wie sie nebeneinander stolzierten, Glücksringe suchten. Damals wollte sie eine Erklärung dafür, warum ein Loch in der Mitte dieser Muscheln war. Ob sie es schon haben, wenn sie noch leben, oder ob der Wellenschlag es in die Schalen reibt, wenn er die toten Muscheln jahrelang im Sandbad wiegt. Oder vielleicht ist an dieser Stelle Material, das sich nach dem Tod der Muscheln auflöst?

Warum interessiert dich das, fragte er, sie bringen nur Glück, wenn man nicht fragt, woher das Loch ist, weißt du das nicht?

Auch jetzt suchte sie noch immer nach einer Erklärung. Sie stolzierte weiter, fand keine Glücksringe, vielleicht, dachte sie, findet man sie nur im Frühjahr, vielleicht hat es mit der Strömung zu tun oder ... oder sie lassen sich nur von frisch Verliebten finden, würde er sagen, und nur, wenn man nicht nach dem Grund fragt.

Weit draußen, kurz über dem Wasser, fing ein Wolkenfetzen Feuer, glimmte gelblich auf, dann entflammte er rot. Sie starrte hinaus, bis der Fleck zu hell wurde. Wie eine gewaltige Explosion tauchte die Sonne über dem Wasser auf, legte eine lange, gleißende Straße aus Licht aufs schwarze Wasser, bis hin zu ihr, direkt vor die Füße.

Mit einem Mal wusste sie, dass sie hinauslaufen könnte, über das Wasser, weiter über die Wellenbrecher, hinaus auf das offene Meer, bis hinüber zu der geheimnisvollen Felseninsel, zu der sie immer schwimmen wollten, sich jedoch nie so weit hinausgetraut hatten. Sie spürte, das Wasser würde sie tragen, solange sie nicht fragte, warum. Wie das Leben sie tragen würde, wenn sie aufhören könnte zu fragen, warum.

Nein, rau war die Wintersonne hier nicht. Sie fächelte leise Wärme in ihr Gesicht. „Kennst du mich noch?", sagte sie zur Sonne, wie zur Wiedererkennung. „Ich habe Falten bekommen in all den Jahren, siehst du das?"

Die Sonne streichelte und umschmeichelte ihr Gesicht, als wollte sie verzeihen, ihre Fragen, ihre Zweifel, ihre Falten – alles.

Nun setzte sie sich doch, schloss die Augen gegen das Licht. Blutrot spürte sie die Wärme durch die Lider.

Verzeihen. Sie tat sich so schwer damit. Vielleicht muss ich bei meinen Falten anfangen, dachte sie. Ich verzeihe mir meine Falten. Wie komisch das klang. Ich verzeihe mir mein Alter, als könnte ich etwas dafür. Verzeihe mir alle Fragen, alle Erklärungsversuche, alle Lieblosigkeiten. Und während ihre Gedanken immer weiter und weiter aufs Meer hinaus, der Sonne entgegen in die Vergangenheit trieben, spürte sie, dass sie zurückmusste, wieder nach Hause, wieder zu den anderen.

Ganz vorn, wo der Sand nass und hart war, schrieb sie mit einem Stückchen Holz vor die letzten Wellen.

ICH LIEBE DICH –

Wie einfach das war, es wieder in den Sand zu schreiben.

– IMMER NOCH

Dann drehte sie sich um, lief zurück, suchte nach ihren Schuhen, fand dort, wo sie glaubte, sie zurückgelassen zu haben, eine kleine Muschel mit einem Loch darin.

Erst nach vier Tagen war sie wieder zu Hause.

„Mein Gott", fragte er, „wo warst du nur?"

TEXT

Sie griff in die Tasche, holte ihre Muschel heraus und gab sie ihm. In ihren Augen brannte noch immer blutrot die Wintersonne, und sie wusste, sie könnte über das Wasser gehen, wenn sie nur nicht fragte, warum.

Textquelle: Reinhold Ziegler: Am Strand. Aus: Ders.: Der Straßengeher und andere kleine Versuche, die Welt zu verstehen. Weinheim/Basel: Beltz Verlag 2001, S. 76 – 80

AUFGABENSTELLUNG*

1 Lesen Sie den Auszug aus dem Roman „Am Strand“ sorgfältig durch und bearbeiten Sie dann die folgenden Aufgaben.

1. Fassen Sie den Inhalt des Textes zusammen.
2. Charakterisieren Sie die Frau.
3. Beschreiben Sie auffällige sprachliche Mittel und deren Wirkung.
4. Warum ist es wichtig, sich selbst und anderen Fehler und Schwächen verzeihen zu können? Erörtern Sie.
5. „‚Mein Gott‘, fragte er, ‚wo warst du nur?‘“ (Z. 93) – Schreiben Sie einen Dialog zwischen der Frau und ihrem Partner, indem Sie das Gespräch am Ende der Geschichte fortsetzen.

* **Quelle:** Bayerisches Staatsministerium für Bildung und Kultus, Wissenschaft und Kunst

Anmerkung der Redaktion: Wir haben die Aufgabenstellung der Abschlussprüfung 2021 minimal an das Format Ihrer kommenden Abschlussprüfung 2022 angepasst und beide weiterführenden Aufgaben als Pflichtaufgaben abgedruckt und sie beispielhaft gelöst.

Glossar

Dramatik: Unter dramatischen Texten versteht man die Bühnendichtung, also Texte, die für eine Bühneninszenierung geschrieben sind. Diese sind untergliedert in Akte und Szenen. Die Handlung sowie die Gefühle der agierenden Personen werden durch Dialoge und Monologe dargestellt.

Epik: Unter diesem Begriff fasst man alle Arten der erzählenden Dichtung zusammen. Es gibt viele epische Kleinformen (→ *Erzählung, Fabel,* → *Kurzgeschichte, Märchen, Sage, Schwank*). Zu den umfangreicheren epischen Texten gehört der Roman.

Erzählung: In der Literatur versteht man unter einer Erzählung einen kurzen erzählenden Text, der nicht eindeutig einer anderen Kurzform (*Fabel, Märchen, Sage, Schwank*) zugeordnet werden kann.

Journalistische Textsorten:

Bericht
Der Bericht ist eine ausführliche Form der Nachricht. Er liefert eine detaillierte und sachliche Darstellung eines aktuellen Sachverhalts oder Ereignisses.
Aufbau:
1. Die Überschrift (häufig mit Unterüberschrift) informiert sachlich.
2. Ein Vorspann fasst die wichtigsten Informationen (W-Fragen) zusammen.
3. Im Hauptteil erfolgt eine ausführliche Darstellung der Nachricht mit Erklärung der Zusammenhänge und Hintergründe.

Sprache:
sachliche Darstellungsweise, keine wertenden Äußerungen oder Stellungnahme durch den Berichterstatter, Wiedergabe von Aussagen in direkter und indirekter Rede, Zeitform: Präteritum
Absicht:
über einen Sachverhalt informieren, das Interesse dafür wecken
Layout:
enthält häufig ein erklärendes Bild, die Angabe des Verfassers sowie Kurzinformationen im Vorspann und Untertitel

Glosse
Unter einer Glosse versteht man eine meinungsäußernde Darstellungsform, in der der Verfasser ein aktuelles Ereignis oder eine allgemeine, gesellschaftliche Erscheinung auf ironische, spöttische und/oder bissige Weise kommentiert.
Aufbau:
1. Das Thema wird in belustigender Art kurz angerissen.
2. Der Autor greift verschiedene Beispiele und Teilaspekte heraus, bewertet bzw. kommentiert sie in ironischer, überspitzter, teilweise unrealistischer Weise.
3. Schlusspointe: Der Autor zieht ein Fazit, gibt eine abschließende Empfehlung oder übt Kritik.

Sprache:
Ironie, Hyperbeln, Neologismen, umgangssprachliche Wendungen, Vergleiche, Fremdwörter und Fachausdrücke, oft komplexer Satzbau
Absicht:
persönliche Meinungsäußerung (teilweise nicht ganz ernst gemeint), zum Nachdenken über eigenes Verhalten anregen, unterhaltsam auf Probleme aufmerksam machen, Verhaltensweisen enthüllen und Verhaltensänderungen hervorrufen, unterhalten
Layout:
enthält gelegentlich Karikaturen, Bilder oder ein Foto des Verfassers, erscheint in vielen Zeitungen wiederholt an gleicher Stelle, hebt sich teilweise durch einen anderen Schrifttyp oder eine abweichende Gestaltung von anderen Artikeln ab

Interview
Als Interview bezeichnet man ein Gespräch, in dem ein Journalist gezielte Fragen an eine Person oder eine Gruppe von Personen stellt.
Sprache:
Wiedergabe von Aussagen in direkter Rede, Umgangssprache, Fachbegriffe
Absicht:
Informationen über bestimmte Sachverhalte (politisch, gesellschaftlich, historisch, persönlich) erhalten oder die persönliche Meinung zu einem bestimmten Problem erfahren, Meinungsäußerung des bzw. der Befragten
Layout:
enthält häufig ein Bild des bzw. der Befragten, teilweise unterschiedliche Schriftarten/Schriftgestaltungen für Fragen und Antworten

Kommentar
Beim Kommentar handelt es sich wie bei der → *Glosse* um eine meinungsäußernde Darstellungsform, in welcher der Autor seine Meinung zu einem Sachverhalt oder Ereignis darstellt, wobei er sich auf eine vorangegangene (dem Leser bekannte) Nachricht bezieht. Kommentare sollen zur Meinungsbildung anregen.
Aufbau:
1. Zunächst werden die wesentlichen Informationen dargestellt, die zum Verständnis des Kommentars nötig sind.
2. Der Autor legt seine Meinung begründet dar.
3. Abschließend wird meist ein Wunsch oder ein Ausblick formuliert.

Sprache:
Fremd- oder Fachwörter, rhetorische Mittel (z. B. Ironie), sprachliche Bilder
Absicht:
Informationen werden mit der persönlichen Meinung des Autors verwoben, weist häufig auf Missstände hin, dient zur Bildung oder Beeinflussung der Lesermeinung
Layout:
optische Hervorhebung durch einen Rahmen, typische Kennzeichnung durch eine zusätzliche Überschrift wie „Meine Meinung“, Angemerkt“ oder natürlich „Kommentar“, wird häufig in Verbindung mit einem Bericht oder einer Meldung geschrieben, Angabe des Verfassers (vollständiger Name oder Kürzel), meist keine Bilder, erscheint in vielen Zeitungen wiederholt an gleicher Stelle (z. B. auf Seite 2)

Reportage
Die Reportage spiegelt das Ergebnis umfassender Recherchen zu einer aktuellen Situation wider, die von allgemeinem Interesse ist. Sie verknüpft sachliche Information und subjektiver Schilderung, die Meinung des Autors ist also oft erkennbar.
Aufbau:
1. lebendiger Anfang (z. B. Darstellung einer konkreten Situation), der Interesse des Lesers weckt (Zoomtechnik: detailgenaue Schilderung des Zustandes als konkretes Beispiel)
2. Wechsel von sachlich-informierenden und subjektiv-schildernden Passagen
3. wertende Meinungsäußerung des Autors
4. Befragung von Experten, Betroffenen und Zeugen (erzeugt Perspektivenwechsel und führt zu den Rechercheergebnissen)

Sprache:
Zeitstufenwechsel (z. B. Präteritum für Rückblicke, Präsens für gegenwärtigen Zustand, Allgemeingültiges), Zitate in direkter und indirekter Rede (hierbei teilweise unterschiedliche Sprachebenen), abwechselnd lebendig-schildernder und sachlich-informierender Stil, treffende Verben und Adjektive, Umgangssprache
Absicht:
Information, Unterhaltung, Darstellung der Meinung und der Eindrücke des Verfassers, teilweise Beeinflussung des Lesers
Layout:
enthält oft eine Illustration (Fotografie, Statistik usw.), interesseweckende Schlagzeile, Angabe des Verfassers, teilweise Vorspann und Untertitel

Karikatur: Als Karikatur bezeichnet man eine Zeichnung, die durch Über- oder Untertreibungen menschliche Schwächen oder Missstände kritisiert und lächerlich macht.

Konjunktiv: Der Konjunktiv ist die grammatikalische Form, welche in der indirekten Rede verwendet wird.
Konjunktiv I: *Er sagte, keiner* habe *ihm geholfen.*
Konjunktiv II: *Sie antworteten, dass sie nichts gesehen* hätten.

Literarische Gattungen: → *Dramatik*, → *Epik*, → *Lyrik*

Literarische Textsorten:
Kurzgeschichte
Als Kurzgeschichte bezeichnet man einen erzählenden Text, dessen Handlungsdarstellung auf das Wesentliche beschränkt ist (nur ein Handlungsstrang). Gegenstand der Kurzgeschichte sind Alltagspersonen, die einem Problem oder einer kritischen Situation ausgesetzt sind (innerhalb einer alltäglichen Situation).
Aufbau:
1. Die Handlung setzt unvermittelt ein. Es fehlen meist Angaben zu Ort, Zeit und Personen der Geschichte.
2. Oft nimmt die Handlung eine unerwartete Wendung.
3. Der Schluss ist offen.

Sprache:
wörtliche Rede, Alltags-und Umgangssprache, einfache Wortwahl, Symbole, einfacher Satzbau, Ellipsen
Absicht:
Darstellung eines menschlichen Problems, Auslösen von Betroffenheit, durch das meist offene Ende wird dazu angeregt, dass der Leser über eine Problemlösung nachdenkt und/oder sein eigenes Verhalten (in ähnlichen oder gleichen Situationen) überdenkt.

Satire
Als Satire bezeichnet man eine literarische Spottschrift, die bestimmte Ereignisse, gesellschaftliche Missstände, politische Anschauungen oder Personen verhöhnt.
Aufbau:
Es gibt grundsätzlich keinen festen Aufbau, jede Satire ist anders gestaltet.
1. Realistischer Beginn
2. Abschweifen ins Unwirkliche, Unrealistische, Übertriebene

Sprache:
Hyperbeln, Ironie, Neologismen, sehr kunstvoller Ausdruck, teilweise Umgangssprache, insgesamt humorvoller, spöttischer Stil
Absicht:
gesellschaftliche oder politische Zustände oder persönliche Verhaltensweisen ins Lächerliche ziehen und so auf die Probleme aufmerksam machen, zum Nachdenken über das eigene Handeln anregen, anprangern, Meinung des Verfassers kundtun

Lyrik: Lyrik ist Dichtung in Versform (Gedichte).
Als **Vers** bezeichnet man die einzelne Zeile eines Gedichtes. Ein besonderes Stilmittel ist dabei das **Enjambement** (Zeilensprung). Bei ihm fällt das Ende des Satzes (der Sinneinheit) nicht mit dem Ende des Verses zusammen, sodass man beim Vortragen die Stimme nicht absinken lassen darf.
Im Gedicht drückt das → *lyrische Ich* seine Gefühle, seine Stimmungen, aber auch seine Erlebnisse, Einstellungen und Gedanken aus.
Viele Gedichte sind in **Strophen** gegliedert. Mindestens zwei Verszeilen werden in einer Strophe zusammengefasst. Oft beginnt mit einer Strophe zugleich ein neuer Gedanke.
Es gibt Gedichte, die zwar einem bestimmten Rhythmus folgen, aber nicht am Wort- und Versende gereimt sind.
Durch **Reime** erhalten Gedichte eine bestimmte Klangwirkung. Durch den Gleichklang der Reimwörter (z. B. *küssen – müssen; Fassaden – baden*) werden oft zwei oder mehr Verszeilen miteinander verbunden.
Drei Reimformen werden besonders oft verwendet:

Paarreim	**umarmender Reim**	**Kreuzreim**
a Sonne	a Sonne	a Sonne
a Wonne	b Eis	b Eis
b Eis	b heiß	a Wonne
b heiß	a Wonne	b heiß

Lyrisches Ich: Das lyrische Ich ist die oder der Sprechende im Gedicht. Das lyrische Ich kann, muss aber nicht die Einstellung oder Stimmung des Dichters wiedergeben.

Merkmale erzählender Texte: Wenn man einen Erzähltext beschreiben will, können u. a. folgende Punkte wichtig sein:

1. Erzählform:
- **Ich-Form:** Der Erzähler tritt als erlebende und erzählende Figur in der Handlung auf.
- **Er-/Sie-Form:** Der Erzähler vermittelt die Geschichte, tritt selbst aber zurück.

Erzählerwissen:
- **umfassend:** Der Erzähler steht über dem Geschehen und leitet den Leser durch Kommentare, Vorausdeutungen oder Bewertungen durch die Geschichte. Er weiß mehr als die Figuren.
- **begrenzt:** Es wird aus der Sicht einer Person erzählt. Der Erzähler bleibt der Sichtweise dieser Figur verbunden. Er weiß nicht mehr oder sogar weniger als die Figur.

2. Zeitgestaltung:
Zeitsprung: Zwischen zwei Handlungsschritten wird etwas ausgelassen, um nur das für den Fortgang der Handlung Entscheidende zu erzählen.
Rückblende: Ereignisse, die zeitlich vor dem bisher Erzählten stattgefunden haben, werden erst im Nachhinein erzählt.
Vorausblende: Ein Handlungsschritt wird vorweggenommen.
Zeitdehnung: Die Erzählzeit ist länger als die erzählte Zeit.
Zeitraffung: Die erzählte Zeit ist länger als die Erzählzeit.

3. Redeformen:
Erzählbericht: Die Geschichte wird nur vom Erzähler vermittelt.
Figurenrede: Figuren kommen selbst zu Wort.
Direkte Rede: In wörtlicher Rede werden Äußerungen und Gedanken wiedergegeben: *Jan war aufgebracht: „Was wissen Sie schon, was geschehen ist!“*
Indirekte Rede: Äußerungen werden vom Erzähler wiedergegeben, zumeist unter Verwendung des → *Konjunktivs: Vollkommen unbeherrscht machte er allen um ihn Stehenden Vorwürfe, dass schließlich niemand gekommen sei, ihm zu helfen, und er daher ganz allein auf sich selbst gestellt gewesen sei.*
Erlebte Rede: Der Erzähler gibt die Gedanken und Gefühle in der 3. Person und meistens im Präteritum wieder: *Als alle den Raum verlassen hatten, war Jan sehr niedergeschlagen. War es nicht auch sein Fehler, dass es so weit gekommen war? War er nicht einfach zu stolz gewesen?*
Innerer Monolog: Die Gedanken und Gefühle werden in der Ich-Form dargestellt, häufig im Präsens: *Jan nahm sein Handy und suchte die Nummer von Marion. Ich werde ihr alles erklären. Ich werde sie nicht um Verzeihung bitten, denn mein Verhalten kann man nicht entschuldigen.*

4. Satzbau:
- **Satzreihe (Parataxe):** Es werden nur Hauptsätze aneinandergereiht. Häufig sind sie kurz: *Jan schwieg. Sein Puls raste. Blut schoss ihm in den Kopf.*
- **Satzgefüge (Hypotaxe):** Darunter versteht man den Verbund von Haupt- und Nebensätzen: *Als er die Tür öffnete* (Nebensatz), *blies ihm ein kalter Wind entgegen* (Hauptsatz), *der schon vor geraumer Zeit begonnen hatte zu wehen und sich nun zu einem Sturm entwickelte* (Relativsatz).
- **Unvollständige Sätze (Ellipse):** → *Sprachliche Mittel*

Die Wirkung dieser Satzformen kann sehr unterschiedlich sein und oft nur aus dem Zusammenhang des Textes erschlossen werden.

5. Sprachliche Mittel: Nahezu in allen Texten werden gezielt sprachliche Mittel eingesetzt, um bestimmte Wirkungen zu erzielen (siehe Tabelle).

Sprachliche Mittel	Erläuterung	Beispiel	Mögliche Wirkung
Allegorie, die	(eine Person als) Verbildlichung einer Sache	Justitia = Gerechtigkeit Freiheitsstatue = Amerika	regt zum Nachdenken und zur Deutung an, veranschaulicht
Alliteration, die	Wiederholung von Anfangslauten bei aufeinderfolgenden Wörtern	Milch macht müde Männer munter.	Verstärkung des gewünschten Eindrucks
Anapher, die	Wiederholung derselben Wortgruppe an Satz-/Versanfängen	Worte sind verletzend. Worte sind unersetzlich.	Eindringlichkeit, Rhythmisierung
Antiklimax, die	abschwächender Übergang vom Wichtigen/Stärkeren zum weniger Wichtigen/Schwächeren	... und vor mir stand: ein brüllender Löwe, ein Puma, eine maunzende Katze.	Die Gesamtaussage wird abgeschwächt.
Antithese, die	Gegenüberstellung zweier Wörter oder Satzteile, die sich im Sinn widersprechen	Heiß ist die Liebe, kalt ist der Schnee. Himmel und Hölle	Hervorhebung, Betonung des Gegensatzes
Archaismus, der	bewusste Verwendung eines veralteten, als altmodisch empfundenen Ausdrucks	Na, du holde Maid!	Ironisierung des Dargestellten, gehobene Ausdrucksweise
Chiasmus, der	kreuzweise aufeinander bezogene Wörter oder Satzglieder, z. B. Subjekt/Prädikat/Objekt, Objekt/Prädikat/Subjekt	Er löschte das Licht, die Dunkelheit empfing er.	Verstärkung, Kontrastierung

Ellipse, die	unvollständiger Satz, der aber sinngemäß leicht zu ergänzen ist	Feuer! Je früher der Abschied, desto kürzer die Qual.	der wichtigste Aspekt soll hervorgehoben werden
Enjambement, das	Satz- und Sinnzusammenhang reicht über das Versende (ggf. auch Strophenende) hinaus	Über allen Gipfeln / Ist Ruh	Hervorhebung von Versende und -anfang, Vermeidung von Eintönigkeit
Epipher, die	Wiederholung desselben Wortes / derselben Wortgruppe am Satzende	Die Sterne scheinen, und alles ist gut / Sie tadeln keinen, und alles ist gut.	Eindringlichkeit, Verstärkung
Euphemismus, der	Beschönigung	vollschlank (statt: dick) eingeschlafen (statt: gestorben)	abgemilderte Negativbotschaft, taktisches Verhalten
Hyperbel, die	starke Unter- oder Übertreibung	Es ist zum Haareausraufen! ein Meer von Tränen	Dramatisierung, starke Veranschaulichung
Inversion, die	Umstellung, vertauschte Reihenfolge	Der Glocken Klang (statt: der Klang der Glocken)	Betonung des vorangestellten Wortes
Ironie, die	Äußerung, die durchblicken lässt, dass das Gegenteil gemeint ist	Das hast du ja ganz toll hinbekommen! Wer keine Gabel hat, isst mit den Fingern.	Herabsetzung, kritische Anmerkung, Stellungnahme
Klimax, die	Steigerung (meist dreigliedrig)	Er kam, sah und siegte.	Dramatisierung
Lautmalerei, die	sprachliche Nachahmung von Geräuschen, Lauten durch ähnlich klingende Worte	Das Feuer knastert und knistert.	Veranschaulichung
Metapher, die	verkürzter Vergleich, Wort mit übertragener Bedeutung	Geldwäsche, Glühbirne, Wasserhahn	Veranschaulichung
Neologismus, der	Wortneuschöpfung	Kaufrausch, Berufsjugendlicher	Hervorhebung
Oxymoron, das	Verbindung zweier sich widersprechender Begriffe	leises Getöse, Hassliebe, bittersüß, stummer Schrei	Erhöhung der Aufmerksamkeit, Verrätselung
Paradoxon, das	scheinbarer Widerspruch	Vor lauter Individualismus tragen sie eine Uniform.	starker Anreiz zum Nachdenken
Parallelismus, der	Wiederholung gleicher Satzstrukturen	Ein Blitz leuchtete, Donner folgte, ein Gewitter begann.	Dramatisierung, Intensivierung
Parenthese, die	Einschub, Schaltsatz	Ich möchte dir – ich fasse mich kurz – von den Ereignissen erzählen.	nähere Erläuterung, Unterbrechung des Rede- oder Gedankenflusses
Personifikation, die	Vermenschlichung von Gegenständen, Tieren, abstrakten Begriffen	Die Sonne lacht. Väterchen Frost, Mutter Natur	lebendige und anschauliche Darstellung
Pleonasmus, der	überflüssige Verbindung von Wörtern mit gleicher oder ähnlicher Bedeutung	der weiße Schimmel die prominente Berühmtheit	Pointierung, Intensivierung
rhetorische Frage, die	Frage, auf die keine Antwort erwartet wird bzw. deren Antwort jeder kennt	Gibt es die ideale Person? Wer ist schon perfekt? Wer glaubt denn das noch?	Mobilisierung einer bestätigenden Reaktion des Lesers
Symbol, das	Sache oder Handlung, die etwas anderes bedeutet oder auf etwas anderes verweist	Rose → Liebe Ring → Vollkommenheit	
Tautologie, die	inhaltliche Wiederholung	Geschäft ist Geschäft angst und bange	Verstärkung
Vergleich, der	Verknüpfung zweier Begriffe mit *wie*	Der Kämpfer ist stark wie ein Löwe.	anschauliche Darstellung
Wiederholung, die	mehrfaches Auftreten identischer Wörter, Satzteile oder Sätze	Singet leise, leise, leise.	Verstärkung des gewünschten Eindrucks

PLANUNGSRASTER

Woche	Thema	Tag	Zeit

TIPP

Um anhand einer guten Zeitplanung alle wichtigen Inhalte für die Abschlussprüfung pünktlich und effektiv zu wiederholen, kannst du dieses Planungsraster benutzen. Achte darauf, dass du dir für deine Tages- und Wochenplanung realistische Ziele setzt und Pausen einkalkulierst, damit du dein Lernkonzept auch einhalten kannst.